Christian Hennecke · Gabriele Viecens
Der Kirchenkurs
Wege zu einer Kirche der Beteiligung

Christian Hennecke · Gabriele Viecens

Der Kirchenkurs

Wege zu einer Kirche der Beteiligung

Ein Praxisbuch

echter

Bildnachweis:
Folie 11 (Seite 102): © shutterstock
Folie 2 (Seite 119):   © gettyimages
Folie 6 (Seite 121):   © shutterstock
Folie 12 (Seite 124): © gettyimages
Folie 13 (Seite 124): © Mikael Damkier (Fotolia)
Folie 14 (Seite 125): © shutterstock
Folie 15 (Seite 125): © shutterstock

Bibliografische Information der Deutschen Nationalbibliothek

Die Deutsche Nationalbibliothek verzeichnet diese Publikation
in der Deutschen Nationalbibliografie; detaillierte bibliografische
Daten sind im Internet über ‹http://dnb.d-nb.de› abrufbar.

1. Auflage 2016
© 2016 Echter Verlag GmbH, Würzburg
www.echter.de

Umschlag: Peter Hellmund
Umschlagbild: © shutterstock
Satz: Hain-Team, Bad Zwischenahn (www.hain-team.de)
Druck und Bindung: CPI – Clausen & Bosse, Leck
ISBN 978-3-429-03910-3

Inhalt

Vorwort 9

1. Teil: Die Architektur des Kirchenkurses. 13
1. Wie alles begann – die Geschichte
Lokaler Kirchenentwicklung. 13
    Die weltkirchlichen Prophetien des II. Vatikanums. . . 14
    Eine weltkirchliche Emanzipationsbewegung 15
    Lokale Kirchenentwicklung in Deutschland 18
    Eine kleine Geschichte in Hildesheim 19
    Eine seriöse Theologie 21
    Die Summerschool 23
    Der philippinische Brückenschlag 24
    Lokale Kirchenentwicklung verstehen. 25
    Die Entstehung des Kirchenkurses 27
2. Gut zu begründen? – Eine Agenda
theologischer Herausforderungen 29
    Die sakramentale Grundgestalt der Kirche 29
    Ein neuer Zugang zum Wort Gottes 30
    Die eucharistische Mitte 31
    Communio weiter denken 32
    „Maximum participation" 33
    Der sakramentale Dienst der Leitung 33
    Eine neue Theologie?. 34
3. Worauf es ankommt – Ziele und Stile
eines neues Weges 35
    Aus biblischem Ursprung. 39
    In der Liturgie feiern 40
    „Community building" 41
    „Mission shaped" – die wesentliche Kontextualität . . 43
    Die Vision einer Kirche der Beteiligung –
    worauf es also ankommt 44

4. Methodik, Didaktik und Evaluation.   44
   Eine Didaktik des Volkes Gottes.   44
   Lehren oder ermöglichen? – Die Frage der Methodik .   48
   Ein noch ungewohntes Instrument – die Evaluation . .   50
5. Der rote Faden.   55

2. Teil: Der Kurs   57
1. Lokale Kirchenentwicklung –
   Der geistliche Grundton   57
   A. Eingangsliturgie: Prozession des Wortes   58
   B. „Schriftauslegung".   58
   C. Vergegenwärtigung der Szene (Joh 6,1–4)   60
   D. Woher kommen wir und wohin gehen wir?   61
   E. Grenzen, Hindernisse und Möglichkeiten –
   Johannnes 6,5–9   62
       E.1 – Wer bin ich? Kleine Typenkunde.   63
       E.2 – Wahrnehmen der kirchlichen Situation
       aus der Perspektive von Philippus und Andreas   63
       E.3 – Input über die Kunst des geistlichen Sehens . .   64
       Schule des Sehens – Ein Begleittext zur Präsentation   65
       E.4 – Liturgie der verheißenen Möglichkeiten   72
   F. Feier der Versöhnung   72
2. Kirchenentwicklung wahrnehmen und
   verstehen – Grundperspektive und Vision   74
   A. Sich spiegeln im Wort – eine Liturgie.   76
   B. Phasen der Kirchenentwicklung   76
   B 1 – Versorgungskirche.   78
   B 2 – Kirche der Mithelfer und Unterstützer   81
   B 3 – Kirchenkrise – Kirche erwacht   84
   B 4 – Kirche: gemeinsam berufen und gesandt.   93
   B 5 – Die vier Beziehungsdimensionen
   des Kircheseins.   97
   B6 – Kirche – Gemeinschaft von Gemeinden   109
   C. Liturgie zu den Kirchenbildern   111

3. Die Vision einer Kirche der Beteiligung
   ins Leben bringen 115
   Ziele 115
   A BibelTeilen – Das Wortecho 116
   B Eine Vision nimmt Gestalt an 116
   C. Wachstum ermöglichen – in unserer konkreten
   kulturellen und kirchlichen Situation
   (Leitung, Spiritualität, Weiterbildung, Engagement
   der Getauften und Sendung) 116
   D. Die Bedeutung einer gemeinsam geteilten Vision. . 118
   E. Evaluation und Relecture als Gradmesser für das
   Wachstum eines konkreten Prozesses 129
   F. Liturgie zum Abschluss. 131

Anhang..................................... 141
Evaluation von Workshops,
   die Bewusstwerdungsprozessen dienen 135
Relecture Pastorales Team...................... 137
Relecture der örtlichen Gemeinden (Poitiers)......... 139
Gemeinschaft im Wort Gottes 143

Vorwort

Wie „geht" Lokale Kirchenentwicklung? Das ist inzwischen die Königsfrage. Denn nachdem in vielen deutschen Bistümern die Ideen zu einer Kirche der Beteiligung Gestalt gewinnen und durch das Schreiben der deutschen Bischöfe „Gemeinsam Kirche sein" die Perspektiven einer lokalen Kirchenentwicklung auch theologisch begründet und in den konziliaren Horizont gestellt werden konnten, steht nun eine lange Phase der experimentellen Kirchenentwicklung an: Es braucht in der Tat eine Lerngemeinschaft in den konkreten Entwicklungsprozessen, es braucht Erfahrungen, Erfolge ebenso wie Misserfolge, insgesamt ein ausreichendes Maß an Fehlerfreundlichkeit und deren Evaluation, damit sich das Bild einer Kirche der Zukunft weiter schärfen kann.

Doch davor liegen immer Entscheidungen, die gut zu begründen sind. Ein Pfarrer, ein pastorales Team, eine Initiativgruppe braucht einen gemeinsamen Weg des Kennenlernens und Auslotens dessen, was dann in der Pfarrei mit möglichst vielen beteiligten Christen als nachhaltiger Entwicklungsprozess der Kirche vor Ort ablaufen soll.

Die Wandlung der Mentalität, die spirituelle Grundperspektive und die darin verborgenen Kirchenbilder müssen ansichtig werden und brauchen erste Grunderfahrungen, um den Mut zu einem solchen Weg zu bekommen.

In den vergangenen Jahren haben wir bei pastoralen Erkundungsreisen an vielen Orten erfahren, dass parallele Kirchenentwicklungsprozesse in Indien, Südafrika, den Philippinen, aber auch in Frankreich immer dann möglich waren, wenn die jeweils Verantwortlichen vor den konkreten Prozessen vor Ort sich selbst auf eine „Umkehrerfahrung" ihres ekklesialen Bewusstseins eingelassen haben. Diese geistliche, theologische und praktische Umkehr war der Ausgangspunkt für eine neue Perspektive, die dann vor Ort ausprobiert werden konnte.

Dabei haben wir besonders vom philippinischen Kirchenentwicklungsteam von Bukal Ng Tipan in Manila profitiert. Die Klarheit der Vision, die beeindruckende Systematik des Vorgehens, das Bemühen um eine partizipative Pädagogik und die tiefe geistliche Grundierung dieses Weges haben uns getroffen.

Dabei war der Weg der philippinischen Kollegen schon selbst eine inkulturierende Weiterentwicklung der Erfahrungen, die in den 80er und 90er Jahren im Lumkoinstitut in Südafrika durch Fritz Lobinger, Oswald Hirmer und Anselm Prior möglich und weiterentwickelt wurden und inzwischen auch in Asien in verschiedener Weise rezipiert wurden.

Schon in unseren ersten Begegnungen mit dem philippinischen Team um Mark Lesage und Estela Padilla haben sie uns darauf verwiesen, dass wir hier nichts „übertragen" können, sondern selbst vor einem Verstehens- und Inkulturationsprozess stehen.

So ist – in vielfältiger Erprobung und vielfältigen Lernerfahrungen in konkreten Pfarrgemeinden – dieser Kirchenkurs entstanden. Pfarreien im Bistum Hildesheim, in Aachen, Münster, Osnabrück, Hamburg, Limburg, Paderborn, in Zürich, Basel und Luxemburg haben in unterschiedlicher Weise und in unterschiedlichen Wachstumsstadien Elemente dieses Kurses machen können. Sicher war auch eine „Summerschool" mit diözesanen Kirchenentwicklern ein Schlüssel für die weitere Entwicklung dieses Kurses, der in unterschiedlichen Versionen rezipiert wurde.

Je länger dieser Prozess weiterging, desto mehr wurde uns aber auch deutlich, dass die verschiedenen Elemente nicht einfach nur beliebige Module enthalten, sondern einen stimmigen und konsequenten Weg beschreiben. Das fängt mit der geistlichen Verwurzelung des Prozesses an, führt über die „Entwicklungsphasen des Kircheseins" (die „Kirchenbilder") hin zur Frage nach den konkreten Entwicklungsprozessen.

Inneres „Rückgrat" des ganzen Prozesses sind die „Entwicklungsphasen des Kircheseins". Der Weg durch diese „Bilder" ermöglicht den Wandel. Es ist nicht egal, in welcher Reihenfolge diese Bilder „erarbeitet" werden. Es ist auch nicht egal, wie diese Bilder aussehen, denn es geht nicht um „eigene" Bilder, es geht auch nicht um „vergangene" Bilder, sondern um einen perspektivisch ausgerichteten Prozess, der den Akteuren hilft, den jeweils nächsten Schritt der Kirchenentwicklung vor Ort zu gehen. Diese Perspektive, die keineswegs selbstverständlich ist beim inzwischen oft inflationären Umgang mit diesen Bildern, sollte einmal umfassend dargestellt werden.

Dieser Kurs ist Ergebnis eines langen Lernweges – und viele Priester und Hauptberufliche, vor allem aber auch das immer beeindruckende Volk Gottes, sind durch die konkreten Lernerfahrungen, die wir machen durften, Mitautoren dieses Weges. Vor allem aber danken wir Mark Lesage, Estela Padilla, Aleli Guitierrez und Jojit Guevarra für die lange gemeinsame Lernstrecke. Ohne sie wäre dieser Kirchenkurs nicht entstanden. Oftmals konnten wir mit ihnen über das Material diskutieren, durften wir neue Nuancen entdecken – und konnten wir von ihren Erfahrungen und ihrer genialen Pädagogik und Kreativität lernen, vor allem auch im Kontext der Liturgien, die zum geistlichen Kern dieses Weges gehören. Zuletzt durften wir die „Liturgien" zu den Entwicklungsphasen des Kircheseins für diesen Kurs verwenden, die noch einmal eine ungeheure Vertiefung des Lernweges darstellen.

Wir sind uns bewusst, dass auch diese Version des Kirchenkurses „work in progress" ist, und sich in den nächsten Jahren sicher weiterentwickelt. Von daher stellen wir diesen Kurs auch mit der Hoffnung zur Verfügung, dass durch seine angemessene Verwendung auch neue Erkenntnisse und neue Formen wachsen, die wir gerne auch übernehmen würden. Der Kirchenkurs eröffnet so etwas wie eine gemeinsame Lernplattform, die wir weiterentwickeln wollen. Rückmeldungen, Kritik und Anregungen sind ausdrücklich erwünscht.

Umgekehrt kann das hier vorliegende Buch natürlich die Erfahrung nicht ersetzen. Deswegen würden wir allen Teams, die diesen Kurs einsetzen, ehrlich wünschen, dass sie selbst ausführlich an einem solchen Kurs teilnehmen. Wir haben vor, ihn einmal im Jahr im Rahmen der Hildesheimer Summerschool für Pfarreiteams anzubieten.

Am Ende des langen Entstehungsweges bleibt der Dank an alle Mitautoren und die Freude über diese „Frucht", die das Ergebnis einiger Jahre Arbeit ist.

Hildesheim, im Frühjahr 2016
Christian Hennecke · Gabriele Viecens

1. Teil
Die Architektur des Kirchenkurses

1. Wie alles begann – die Geschichte Lokaler Kirchenentwicklung

Kirche entwickelt sich immer lokal. Das ist klar. Das Evangelium wird verkündet in einem spezifischen Kontext, in eine je andere Kultur – und genau dies prägt dann auch die Gestalt, die diese Kirche annimmt. Und in jeder Zeit stehen die Christen neu vor der Frage, wie das Evangelium heute verkündet wird – und welche Früchte daraus wachsen, welche Gestalt der Kirche neu hervorgeht aus der Begegnung von Evangelium und Kultur.

Das ist also nichts Neues. Und doch ist es jedes Mal ein dramatischer Prozess, ein krisenhaftes Geschehen, und ein Umbruch, in denen das Evangelium, seine Werte und Grundhaltungen, neu zu entdecken, neu zu buchstabieren sind – und in dem ein Raum zu schaffen ist, der Fruchtbarkeit des Evangeliums Platz zu schaffen.

Mitten in diesem Drama befindet sich die Kirche in Europa, im deutschsprachigen Raum schon seit geraumer Zeit. Spätestens seit dem zweiten Weltkrieg, fühlbar aber seit dem Ende der 50er Jahre geht eine Gesamtkonstellation ihrem Ende entgegen, die je nach Perspektive verschieden beschrieben werden kann: Mit Volkskirche oder Milieukirche meint man eine bestimmte selbstverständliche und alternativlose Eingebundenheit des Christseins in Beziehungsgeflechte der Familie und der Gesellschaft, die es so scheinen ließen, als wäre Christsein das selbstverständliche Erbe, das man „nur" weitergeben müsse – und dieses Paradigma ist verbunden mit einem Verständnis von Kirche, das eher institutionell-hierarchisch gefasst ist: von oben nach unten, mit einem deutlichen Beteiligungsgefälle – und mit der Anmutung, dass Kirche eigentlich Institution, Organisation, machtvolle Hierarchie ist, zu der sich dann Christen (als Kirchenbesucher, als Servicenehmer, als Engagierte oder „Fernstehende" und „Ausgetretene") verhalten sollten.

Und so sehr diese epochale Grundgestalt uns weiterhin prägt, und so sehr versucht wird, dieses Versorgungssystem mit aller Macht und (bislang viel) Geld aufrecht zu halten, so sehr wird deutlich, dass uns das nicht gelingen wird – und dass wir herausgefordert sind, Kirche neu zu erfahren, zu leben und zu verstehen.

Die weltkirchlichen Prophetien des II. Vatikanums

Das II. Vatikanum stellt in der Tat eine prophetische Umkehr für dieses Kirchenverständnis vor. Im Ausgang der Liturgiekonstitution beschreibt sich Kirche selbst als Vollzug, als Prozess, als Weg der gnadenhaften Gemeinschaft des Volkes Gottes, das mitten in dieser Welt lebt und die Sendung Christi weiterführt. Im Dienst am Volk Gottes steht das Amt, stehen alle beruflichen Sendungen in dieser Kirche. So einfach und klar dies formuliert ist, die Konsequenzen in der Neubewertung sind immens: Die Neubewertung der Taufwürde und der Teilhabe jedes Getauften am priesterlichen, königlichen und prophetischen Amt Christi verändern tiefgehend den Zugang zu einem Kirchenverständnis, das sich über Jahrhunderte – spätestens seit dem Mittelalter – als normativ und alternativlos eingeprägt hat.

Man wird wohl sagen dürfen, dass auch die Rezeption des II. Vatikanums im deutschsprachigen Raum auf der einen Seite sehr wohl das umstürzende Neuverständnis der Kirche wahrnahm: Eine Fülle von Transformationen hat sich durch Synoden und Beteiligungsformen in Räten und Gremien ergeben – und doch blieb das Grundparadigma vorkonziliar: Die Auseinandersetzungen und Zerreißproben der vergangenen Jahre, bei denen es am Ende fast immer um die Frage von „oben" und „unten" ging, die merkwürdig institutionszentrierte Sicht auf die Kirche, die Konzentration der Frage auf finanziell bemessbare Zugehörigkeit (Stichwort Kirchensteuer) und ein Professionalisierungsschub, der den Eindruck vermittelt, dass Kirche eine Versorgungs- und Dienstleistungsorganisation ist – diese Perspektiven fallen zusammen mit dem weitgehend hilflosen Versuch, das Gefüge ehemaliger Milieukirchlichkeit irgendwie zu erhalten. Angesichts der kulturellen Veränderungen und spätestens seitdem vor aller Augen steht, dass dieses Gefüge sich unwiderstehlich auflöst, erkennt man seit Ende der 80er Jahre Schritt für Schritt, dass – mehr als die Veränderung einiger Marginalien (Firmalter? Kommunionkurse? Katechumenat?) – ein echter grundlegender Wandel ansteht. Und aus der Selbstsicherheit und Selbstgewissheit pastoraler Akteure und einer Kirche, die sich selbst sozialformkonservativ und versäult aufstellt, wird eine Unsicherheit und Schwäche, die zunächst einmal strukturentwicklerisch Pfarreien verbindet, Seelsorgeeinheiten bildet, Pfarreien „fusioniert", und dabei häufig ein gebrochenes Verhältnis zur wachsenden Vielfalt hat.

Strukturentwicklung aber ist zunächst keine Kirchenentwicklung, dient sie doch dem Erhalt des Restes jener gelungenen Form der Kirche, von der wir herkommen.

Eine weltkirchliche Emanzipationsbewegung

Ganz anders stellte sich die Situation am Ende des Konzils für die Missionskirchen dar. Auch hier war zunächst ein europäisches Modell durch die Missionare eingeführt worden. Aber zeitgleich mit dem Konzil zeigt sich ja, dass die großen Missionsorden Europas nicht mehr Missionare senden können. Dennoch hatte das II. Vatikanische Konzil durch seine Dokumente auch den Weg eröffnet für eine neue Inkulturation der Ortskirche, und mithin für eine lokale Entwicklung der Kirche in Afrika und Asien, die dann aber die Erneuerung des II. Vatikanums im Blick auf das Kirchenverständnis ernst nimmt.

Im Umfeld des II. Vatikanischen Konzils entsteht so in Lateinamerika die Kirchenerfahrung der Basisgemeinden, die auf dem Hintergrund einer Volk-Gottes-Theologie die (Mega-) Pfarreien als Communio lokaler Gemeinschaften sieht – und die das gemeinsame Priestertum der Getauften und seine Entwicklung in den Mittelpunkt aller pastoralen Bemühungen der (wenigen) Priester und Hauptamtlichen rückt. Die Vermittlung einer Spiritualität der Schrift, die Bildung im Blick lokaler Verantwortlichen und Dienste sind Schwerpunkte einer Pastoral, die die konkrete Sendung der Gemeinschaft der Gläubigen vor Ort, die aus der Taufe wachsende Selbstverantwortung der Christen in den Blick nimmt. Eine Umkehrbewegung, die mit vielen Höhen und Tiefen bis heute der Weg der Kirche in Lateinamerika ist.

In Ostafrika, im Kongo und später in Südafrika entstehen zur selben Zeit – vielleicht beeinflusst durch den missionarischen Austausch der Weltkirche außerhalb Europas ähnliche Prozesse. Über 15 Jahre dauert etwa die Entwicklung eines Pastoralplans in Südafrika, in dessen Verlauf deutlich wird, dass eine Kirche, die der Menschheit dienen will (community serving humanity) lokale Gemeinden braucht, die aus der Kraft des Evangeliums diesen Dienst wahrnehmen können.

Doch wie kommt man dahin? Überall entstanden in der Weltkirche „Pastoralinstitute", die im Dienst eines solchen Entwicklungsprozesses stehen. In Südafrika wurde das Lumkoinstitut zu einem wichtigen Ort in diesem Entwicklungsprozess. Seit Mitte der 70er Jahren arbeiteten die beiden deutschen Priester Oswald Hirmer und Fritz Lobinger auf dem Hintergrund einer Vision einer Kirche der Beteiligung Wege der Kirchenentwicklung aus: Auf der einen Seite ging es um die Befähigung („enabling") der Christen vor Ort – und bis heute sind das „Skilltraining" (die konkrete Form der Weiterbildung) und das "Gospelsharing" (auf deutsch schwach übersetzt mit „Bibelteilen") die Mitte eines Kirchenentwicklungsprozesses, der allerdings als solcher wahrgenommen werden will. Es geht um mehr als die Zurüstung der Getauften, es geht um mehr als die Bildung von spirituellen Gruppen – es geht um eine neue Ekklesiogenesis aus der DNA des II. Vatikanums. Im Begriff der „small christian communities" als der Gemeinden vor Ort, die innerhalb einer Pfarrei selbstverständlich eigenständig Dienste und Aufgaben vollziehen und aus einer existenziellen

Bibelkenntnis schöpfen, verdichtet sich wie in einer Nussschale das Ganze eines ekklesialen Paradigmenwechsels.

Man kann die Strahlkraft nicht überschätzen, die von diesem Institut ausging. Denn schon bald kamen nicht nur Südafrikaner, sondern auch Asiaten zu den Kursen nach Lumko (das damals übrigens im Hinterland der Diözese Queenstown, weitab von Flughäfen und Großstädten sehr gut versteckt lag), um dort Wege einer partizipativen Kirchenentwicklung zu lernen – und umgekehrt fanden viele Kurse für Presbyterien in ganz Afrika statt, die diesen Weg hin zu einer Kirche der Beteiligung voranbrachten.

Dass es hier nicht um einen allein afrikanisch codierten Prozess geht, wurde in den späten 80er Jahren deutlich, als Oswald Hirmer in Asien zusammen mit Absolventen des Lumkokurses in Singapur, in Indien, in den Philippinen, in Korea und in Thailand diesen „Neuen Weg des Kircheseins" weiterentwickelte, der 1990 in Bandung von der asiatischen Bischofskonferenz (FABC) zur Leitvision einer „Kirche in der Nachbarschaft" wurde: *„Die Kirche wird eine Gemeinschaft von Gemeinschaften sein, wo Klerus, Laien und Ordensleute einander als Brüder und Schwestern anerkennen. Sie sind gemeinsam versammelt und vereinigt um das Wort Gottes. Dabei teilen sie miteinander die frohe Botschaft und entdecken Gottes Wille für sich in ihrem unmittelbaren Lebensumfeld. Sie unterstützen sich gegenseitig in ihrem täglichen Leben. Es ist eine partizipative Kirche, wo die Gaben und Charismen erkannt und aktiviert werden, um den Leib Christi aufzubauen, die Kirche in der Nachbarschaft."*

Dieser Leitvision entsprechend versuchten und versuchen Institute wie etwa das Singapore Pastoral Institut, das PAC (Pallotine Animation Center) in Nagpur/Indien und das Bukal Ng Tipan in Manila/TayTay in sehr praktischen, aber methodisch wie didaktisch hoch anspruchsvollen Zugängen eine Kirchenentwicklung vor Ort zu ermöglichen – ein Prozess im vollen Gange.

Weltkirchliches Lernen war keine Stärke der deutschen Kirche – weltkirchliches Engagement hingegen schon. Gerade die vielen Missionare, später aber auch die Hilfswerke, machten auf diese Weise auch die Erfahrung dieser Neuaufbrüche. In der Tat gab es auch seit den 70er Jahren eine Rezeption weltkirchlicher Erfahrungen: doch kirchliche Basisgemeinden sind eben keine alternativen Basisgruppen der Kirche – und auch das Bibelteilen ist nicht für spirituelle Vertiefungsgruppen entstanden, wie auch Small Christian Communities nur den Namen gemeinsam haben mit „Kleinen Christlichen Gemeinschaften" (KCG), die in Deutschland als spirituelle Intensivgruppen verstanden wurden.

Fritz Lobinger und Oswald Hirmer haben sich mit hohem Einsatz in den deutschen Diözesen engagiert, aber dennoch blieben die Erfahrungen aus Südafrika, und nicht nur dort, interessante Initiativen, mit denen man dann die eigene Erfahrung des Kircheseins bereicherte und ergänzte. Nicht wahrgenommen wurde die ekklesiogenetische Dimension – und das sollte eigentlich auch nicht so sein, ging es doch weiterhin um die Ausgestaltung eines gegebenen Rahmens, der doch „noch" gut lief. Die „Koordinaten" und die „Architektur" dieser Entwicklungslogik wurden nicht übernommen, sondern es wurden vielmehr einzelne Stichworte eingebracht in eine als krisenhaft empfundene Kirchenlandschaft, wobei durch das Stichwort „Bibelteilen" auf die eher schwach entwickelten Formen einer gemeindlichen Spiritualität verwiesen wurde – und die Rede von den kleinen Gemeinschaften verhieß ein Mehr an Glaubenskommunikation.

Eine solche Rezeption entspricht eher dem Pflücken von Blüten, als der Ernstnahme eines Wachstumsprozesses – und es ging eher um schnelle und (zu) einfache Rezepte, als um die Inkulturation eines Kirchenentwicklungsprozesses.

Das änderte sich langsam zu Beginn des neuen Jahrtausends. Mit dem Missio-Projekt „Spiritualität und Gemeindebildung" wuchs in den deutschen Diözesen das Bewusstsein für die grundlegende Dimension dieses Veränderungsprozesses. Gerade jene Diözesen, in denen in den Jahren nach der Jahrtausendwende aufgrund finanzieller und zunehmend auch personeller Engpässe deutlich wurde, dass die herkömmlichen Pastoralroutinen auf Dauer nicht funktionieren werden, und Diözesen, die sich zu Beginn des Jahrtausends auf massive Strukturentwicklungsprozesse einließen, die zur Bildung neuer pastoraler Großräume führten, entdeckten mehr und mehr die Herausforderung der grundlegenden Art, die in den Prozessen weltkirchlicher Kirchenentwicklung steckten. Und es stellte sich heraus: Es braucht einen langen Lernweg und auch eine gehörige Portion Lernbereitschaft und tiefes Hinhören, um die Erfahrungen der Weltkirche und ihrer oft jahrzehntelangen Entwicklungsprozesse ernstzunehmen, zu verstehen und eine Idee von eigener Inkulturation zu fassen.

Eine kleine Geschichte in Hildesheim

Seit etwa 15 Jahren hat sich das Bistum Hildesheim auf den Weg gemacht, den Ansatz der „KCG" und des Bibelteilens etwas systematischer zu erfassen. Es war Bischof Josef Homeyer, der schon in den 80er Jahren intuitiv die Veränderungsdimensionen dieses Ansatzes erkannte und massiv einbrachte in den diözesanen Diskurs, wie auch in die damalige Diözesansynode. Allerdings galt auch hier: So sehr prophetisch der Umgang mit der Schrift und die Bildung kleiner Gemeinschaften verkündet wurde, so ratlos war man in der Frage, wie über die bloße spirituelle Praxis hinaus ein neuer Weg, Kirche zu sein, eingeschlagen werden konnte. Die Rede von mangelnder Spiritualität und neuen Gruppenformen kränkte zutiefst, und so „verbrannte" das Thema, und auch die Praxis.

Ich erinnere mich gut an den ersten Studientag mit Bischof Lobinger im Jahr 2002 in Hannover. Über 50 Personen ließen sich auf ein Neuverstehen des Themas ein – es war ein wichtiger Auftakt, bei dem allerdings klar wurde, wie viele offene Fragen es gab: Was eigentlich ist Bibelteilen? Wieso soll es eine Kirche in der Nachbarschaft geben? Was hat es mit dem sechsten Schritt des Bibelteilens auf sich? Wie viele Personen gehören zu einer Kleinen Christlichen Gemeinschaft? Sind sie Wahlverwandte und vertraut, oder geht es anders?

Über diese Fragen konnten wir in den darauffolgenden Jahren sehr intensiv diskutieren mit Michael Wüstenberg (zunächst Leiter von Lumko, später Bischof von Aliwal), mit Wendy Louis aus Singapur und schließlich mit Thomas Vijay aus Indien – und mit Bischof Oswald Hirmer aus Umthata, nicht-Aliwal North. In allen diesen Workshops wuchs die Einsicht und auch die Faszination, dass es hier um einen echten Pastoralansatz ging – und auch hier ekklesiologische Konsequenzen zu ziehen sind. Aber mit je tieferem Verständnis wuchsen auch die Fragen: Kann das in unserem doch sehr geprägten Kontext überhaupt funktionieren? Wie kommt eine dahingehende Entwicklung zustande? Und verstellt die Rede von einem „neuen Weg des Kircheseins" nicht eher den Blick, weil sie verletzt und in Frage stellt, was doch über Jahrzehnte gut funktioniert hat?

Entscheidend waren in diesem Kontext die weltkirchlichen Studienreisen nach Indien: Dort wurde nämlich auf einmal deutlich, dass wir in der Tat „zu kurz" und „zu pragmatisch" gedacht hatten. 2009, bei der zweiten Studienreise nach Nagpur, konnten wir gemeinsam einen fundamentalen Schlüsseltext dieses Ansatzes studieren, der nun so etwas wie die Grundarchitektur offenlegte, die hinter der Idee des Bibelteilens und der „kirchlichen Basisgemeinden" stand. Schon Jahre zuvor hatten nämlich Lobinger und Hirmer erkannt, dass es für eine echte Kirchenentwicklung notwendig ist, nicht nur die praktischen Workshops und bewusstseinsbildende Programme zu entfalten, sondern dass es wesentlich auf die dahinterstehende Vision ankommt – und auf eine Kultur der Kirchenentwicklung, deren Grundhaltungen und Werte den Ansatz einer Pastoral des Volkes Gottes widerspiegeln. Auch die Methodik und Didaktik, und schließlich auch die Art und Weise der Fortbildungsstruktur korrelieren mit dem Weg der Kirchenentwicklung. Lobinger und Hirmer hatten die Erfahrung gemacht, dass ohne eine solche Grundverständigung eklektisch und letztlich unverantwortlich mit den Praxiselementen umgegangen wurde.

„Towards a non dominating leadership" – „Auf dem Weg zu einem nicht-dominierenden Leitungsverständnis" – dieser Titel macht deutlich, dass Kleine Christliche Gemeinschaften und Bibelteilen äußere Gestaltelemente eines tieferen kirchlichen Wandlungsprozesses sind, der seine Zeit braucht. Vor allem aber schien hier deutlich auf, dass es nicht um eine pastorale Idee ging, die „mal wieder" von oben herabregnet, sondern um einen Weg, bei dem das Volk Gottes vor Ort, an dem pastoralen Ausgangspunkt, an dem es steht, begleitet wird zu einem eigenen Wachstum an dem Bewusstsein, Kirche zu sein mit allen Gaben des Geistes. „Non dominating leadership" ist deswegen eine einzuübende Art und Weise, zu ermöglichen, dass das Volk Gottes seinen Weg gehen kann – und dass dabei die Werte und Haltungen Wirklichkeit werden, die prophetisch im II. Vatikanum vorgedacht wurden und nun ins Leben kommen wollen. Es war für uns mehr als beeindruckend, die vorsichtige, beharrliche und würdigende Entwicklungslogik pastoralen Handelns zu entdecken, die das Ziel einer partizipativen Kirche, einer Kirche voller Beteiligung im Auge hat, aber nicht eigene Ideen durchsetzt, sondern den jeweiligen Kairòs für den nächsten Schritt entdeckt, aufnimmt und fruchtbar macht. Pastoral als visionsorientierte Wegbegleitung, die dann partizipationsorientierte Methoden und Didaktiken präferiert und so einen langen Entwicklungsprozess begleitet.

Das war faszinierend, aber noch längst nicht Wirklichkeit. Auf der einen Seite, so wurde deutlich, brauchte es einen sehr praktischen Lernweg. Und es konnte, auf der anderen Seite, nicht noch deutlicher eine theologische Grundlegung erfolgen, die dieses pastoralpraktische Thema einordnet in ein Fachgespräch der Pastoraltheologie.

Eine seriöse Theologie

Auf diesem Hintergrund fanden 2008, 2010 und 2012 Kongresse statt, die im Kontext der inzwischen anlaufenden Entwicklung wichtige Fragen zu klären versuchten, nämlich, welcher Ekklesiologie, welcher Spiritualität, welchem Bibelverständnis denn dieser Zugang zu einer Kirche der Beteiligung verpflichtet ist. Was so „einfach" daherkommt, sich in einer radikalen Praxis lokaler Gemeinden und ihrer spirituellen Gründung im Wort Gottes zeigt, hat eine fundamentale theologische Logik, die sich aus dem Kirchenverständnis des II. Vatikanums herleiten lässt. Das war beeindruckend, und machte auch deutlich, dass der lang vermisste Link zwischen dogmatischer Theologie, inkarnierter Spiritualität und pastoraler Entwicklungspraxis eine neue Begeisterung auslöste. Gleichzeitig wurde es so möglich, einen ersten festen Grund für eine neue Art von Theologie zu ermöglichen, die im Wechselspiel von Entdeckungen des II. Vatikanums und deren praktischer Erfahrung ins Licht rückt, welche weite Dimension und welcher umstürzende Paradigmenwechsel uns damit geschenkt worden ist.

Eine weitere Herausforderung existiert. Ich werde mich immer daran erinnern, dass die philippinische Theologin Estela Padilla bei ihrem Vortrag herausfordernd formulierte: „You Germans have a further step to do" – mit anderen Worten: Die Übernahme eines weltkirchlichen Ansatzes verlangt zugleich eine neue Inkulturation. Es reicht nicht, das war schon klar, das Bibelteilen zu übernehmen und „Kleine Gemeinschaften" zu bilden – es reicht aber deswegen nicht, weil es einen eigenen „postmodernen" und „deutschen" Prozess braucht. Kirchenentwicklung ist lokal, ist inkulturiert – und man muss Abschied nehmen von einer simplen Übertragung, und den Weg selbst neu entdecken, den Gott mit seinem Volk im Europa des 21. Jahrhunderts geht.

In den Kongressen wurde, je länger sie dauerten, desto deutlicher, dass es auch im deutschsprachigen und europäischen Kontext von Kirche und Gesellschaft natürlich Aufbrüche gab, die in diese Richtung zielten. Inzwischen wurde deutlich, dass in den größten Krisengebieten der Volkskirchlichkeit, nämlich in England (für die anglikanische Kirche) und in Frankreich, neue Ansätze gewagt wurden, die eine ähnliche Logik kannten, aber zugleich auch die postchristliche und postmoderne Situation aufgriffen. Dies ist an anderer Stelle beschrieben – aber deutlich war auch hier, dass alles hinzielte auf eine Kirchenentwicklung, die die konkrete Sendung am Ort, die Verkündigung des Evangeliums in Tat und Wort in einer bestimmten Situation und einer bestimmten Gruppe von Menschen als Ausgangspunkt des Wachsens neuer Formen des Kircheseins verstand: „fresh expressions of church" in einer „mixed economy", „communautés locales" im Kontext einer größeren Pfarrei – diese Neuaufbrüche wiesen einen ähnlichen „genetischen Code" der Kirchenentwicklung aus, und führten zu einer breiteren theologischen und pastoralpraktischen Reflexion und einer noch größeren kirchlichen Lerngemeinschaft, die konstitutiv ökumenisch war und offen für postmoderne Entwicklungen. Die ökumenische Bewegung Kirche[2] steht dafür.

Die Summerschool

Aber wenn immer mehr ins Bewusstsein kam, dass hier offensichtlich eine weltkirchliche Rezeptionsgeschichte der Theologie des II. Vatikanums in actu begleitet werden konnte, die sowohl theologisch wie praktisch neue Dimensionen der Konzilslehre entdecken half, so stellte sich doch die Frage und Herausforderung, wie die lange Lernerfahrung der Ortskirchen gerade auch in ihrer Dimension der „formation" in einem deutschsprachigen Kontext entwickelt werden konnte.

Da wir in Indien im PAC Nagpur (Pallotine Animation Center) mit Thomas Vijay gemeinsam eine „Lernzeit" verbracht hatten, die gemeinsames Leben und gemeinsame Spiritualität einschloss und da dort wie in Lumko ein ganzheitliches Einüben und Lernen den Weg des tieferen Verstehens dieses Pastoralansatzes prägte, kamen wir zur Überzeugung, dass der Versuch einer Inkulturation der Workshops und eines tieferen Verstehens seiner Logik auch mit einer solchen Zeit zu verknüpfen wäre. So entstand das Format der „Summerschool": eines 5 tägigen Workshops im Priesterseminar Hildesheim, bei dem wir seit 2009 mit Hilfe unserer weltkirchlichen Mentoren erste Schritte eines tieferen Verstehens wagten. Eingeladen waren alle Interessierten, und schon in den ersten beiden Jahren stellte sich heraus, dass diese ganzheitliche Erfahrung ein tieferes Lernen ermöglichte. Die Einzigartigkeit eines solchen Lernens aber führte wie von selbst dazu, dass die Lerngemeinschaft dieser Tage von Anfang an überdiözesan war.

Der philippinische Brückenschlag

Einen entscheidenden Fortschritt erlebte dieses Format durch die Begegnung mit dem Team von Bukal Ng Tipan auf den Philippinen, die seit dem Jahr 2009 unsere Entwicklung geprägt hat. Denn noch deutlicher als vorher wurde klar, dass es zum einen um einen visionsorientierten Lernprozess geht. Immer deutlicher wurde, dass gerade die Frage nach der Kirchenentwicklung und ihrer jeweiligen Phasen geradezu der innere Kern, das innere Rückgrat eines Bewußtwerdungsprozesses ist, der dann auch konkrete Prozesse vor Ort verstehen und begleiten hilft. Die sogenannten „Kirchenbilder", die ursprünglich von Fritz Lobinger und Oswald Hirmer erarbeitet wurden und ihren inkulturierenden Weg durch die Welt gehen, sind praktisch Herzstück eines partizipativen Entwicklungsprozesses, der das Ziel einer gemeinsamen Perspektive hat. Darüber hinaus aber öffneten das philippinische Team um Mark Lesage und Estela Padilla aber auch einen weiteren Horizont. Bei den Summerschools der kommenden Jahre lernten wir eine innere Logik des Prozessverlaufs der Kirchenentwicklung kennen, der ausgeht von den konkreten Situationen und Bedarfen vor Ort, sich in einem gemeinsamen geistlichen Weg zeigt, einen breiten Partizipationsprozess („maximum participation") ermöglicht und zugleich sehr konkret Werkzeuge bereithält, um konkrete Optionen und Prioritäten zu gestalten. Das Einüben in das Entwickeln von Workshops für eine solche Entwicklung stellt nun den zweiten Schritt da: Wie kann ein solcher visionsorientierter Prozess praktisch gestaltet werden?

Die Brillanz und Schlüssigkeit dieses Weges überzeugt. Sie war und ist anschlussfähig für die postmoderne europäische Situation, eben weil sie keine Rezepte verteilt, sondern einen Rahmen zur Verfügung stellt, der in ganzheitlicher Weise „Bildung", „formation" ermöglicht. Und deswegen waren die Summerschools in Hildesheim ein konkreter und sehr erfolgreicher Weg für Pfarreien unterschiedlichster Diözesen, erste Schritte auf dem Prozessweg zu gehen. Das hat dazu geführt, dass es in Norddeutschland zuerst auch eine „Winterschool" und eine „Springschool" gab, inzwischen aber in mehreren deutschen Diözesen „Summerschools" nach dem Hildesheimer Muster veranstaltet werden.

Lokale Kirchenentwicklung verstehen

Inzwischen wurde immer deutlicher, dass im Kontext der Kirchenentwicklung in Deutschland wesentliche Elemente weltkirchlicher Entwicklungen ebenfalls an Bedeutung gewannen und noch weiter gewinnen werden. In dieser Entwicklung pastoraler Orientierung zeigt sich deutlich, welche Weichenstellungen es braucht. Was unter dem Begriff einer lokalen Kirchenentwicklung zu fassen ist, ist ja ein gestalteter Prozess, der mehrere Vorentscheidungen fällt. Zunächst und vor allem ist er kein Notprogramm, wohl aber ausgelöst durch das empfundene Zuendegehen eines Kirchenverständnisses, das sich exemplarisch in der Gemeindetheologie entfaltet hatte.

Es geht um eine neue Weise der Wahrnehmung, die sich nicht an scheinbar normativen Vergangenheiten der letzten 50 Jahre orientiert und somit nur Defizite registriert, sondern ermöglicht eine neue Perspektive: Es wird deutlich, dass Kirche nicht von ihrer institutionellen Verfasstheit, die in der Sakramententheologie gründet, zu fassen ist, sondern von ihrer – sakramental ermöglichten – charismatisch-pneumatischen Entwicklung her glaubend wahrnimmt, dass an jedem Ort, in jeder Situation eine Wirkungsgeschichte des Evangeliums und eine Weiterentwicklung des Volkes Gottes zu sehen ist: „Seht, ich schaffe Neues, merkt ihr es nicht?" (Jes 43,19). Aber diese Wirkungsgeschichte an jedem Ort zu entdecken, ist eine geistliche Aufgabe des Volkes Gottes – den Weg weiterzuentwickeln, der sich vom Geist her abzeichnet, das verlangt nach Prozessen der Unterscheidung, die zu Prioritäten und konkretem Handeln führen.

Dabei werden unterschiedliche Akzente zu setzen sein, aber es werden auch gemeinsame Orientierungen den Rahmen einer Entwicklung ermöglichen. Grundlegend bleibt dabei, dass es in Zukunft zentral um die Frage gehen muss, wie die Taufwürde der Christen, ihr Anteil am königlichen, priesterlichen und prophetischen Amt Christi und damit ihre Verantwortung für das Kirchesein gestärkt werden kann. Zugleich wird dabei auch deutlich, dass eine solche Option keineswegs die Bedeutung des sakramentalen Dienstamtes bedroht: Das macht deutlich, dass hier neu nachgedacht werden muss über die sakramentale Grundgestalt der Kirche und dem Dienst des Priesters am und im Gottesvolk. Zugleich stellen sich viele Fragen, die mit der Begleitung und Förderung der Getauften verknüpft sind, vor allem aber auch mit einer spirituellen Vertiefung des Umgangs mit dem Wort Gottes. Eine solche Grundlegung der Kirchenentwicklung macht dann aber auch deutlich, dass gerne mit unterschiedlichen Formen des Kircheseins gerechnet werden kann: Nicht nur klassische Gemeindeformen sind weiterzuentwickeln, wir dürfen weiter denken und gestalten lernen, wie auch andere Formen entstehen, die jeweils kontextorientiert sind und von der konkreten Aufgabe und Sendung ihre je spezifische Gestalt annehmen können. Das verweist darauf, dass es nicht zuerst um die Gestalt geht – also etwa Gemeinde versus Kleine Christliche Gemeinschaften, sondern um die umfassende Wahrnehmung der vielen Formen der Communio, die es schon gibt – und die gemeinsam mit neu wachsenden Formen und Gestalten der Kirche (in Lebensräumen, an diakonalen Orten, in Kindergärten, in postmodernen Settings) das Netzwerk kirchlicher Gemeinschaft zeigen, wie es in der Pfarrei verfasst ist (und die jetzt nicht mehr gleichgesetzt werden kann mit einer spezifischen Sozialform). Dies alles hat eine ihm eigene Wachstumsdynamik: Kirche ist im Werden zu denken, im Vergehen und Werden, hat eine liquidere Konsistenz, ist nicht fertig, sondern auf dem Weg. Das bedeutet aber auch ein entsprechendes pastorales Handeln, das sich wegbegleitend, ermöglichend und deutend versteht, und das so Orientierung gibt und herausfordert zu weiterem Wachstum.

Dabei wird auch offenkundiger, dass hier ein Kirchenverständnis aufscheint, das theologisch wie praktisch eingeholt werden muss und dabei einem Paradigmenwechsel entspricht: Geistlich ist von einer veritablen Umkehr des Denkens zu sprechen. Aber wie geht das? Und wie können solche Umkehrprozesse erfahren und geteilt werden?

Die Entstehung des Kirchenkurses

Das Kirchenentwicklungsteam von Bukal Ng Tipan hat bei den weltkirchlichen Exposurereisen deutscher Diözesen nach Manila wie auch in der Begleitung philippinischer und asiatischer Diözesen ein Kursparadigma entwickelt, bei dem Spiritualität, Liturgie und bewusstseinsbildende Prozesse und die intellektuell theologische Durchdringung ein Ganzes bilden. Dabei geht es an dieser Stelle nicht um den konkreten Prozess vor Ort, der überall unterschiedlich verläuft, sondern um eine Vergewisserung einer gemeinsamen Grundhaltung und Grundwahrnehmung der Kirchenentwicklung und der in ihr liegenden Konsequenzen für die Weiterentwicklung. Es geht auch um die Frage, wie und mit welcher Vision Kirche sich weiterentwickelt, und welche Merkmale dieses Kirchesein und Kirchewerden hat.

Dieser „Anweg" ermöglicht es Pfarrteams/Presbyterien/Verantwortlichen einer Gemeinde, zu einer Gewissheit zu kommen: ob nämlich so ein Weg sinnvoll für die eigene Zukunftsentwicklung sein könnte.

Im Herbst 2012 entstand auf dem Hintergrund der Erfahrungen bei den Exposurereisen auf die Philippinen eine „Spurgruppe", die versuchte, die zentralen Elemente dieses bewusstseinsbildenden Weges in eine Didaktik und Methodik eines Kurses zu erarbeiten, die auch im deutschsprachigen Raum „funktionieren" könnte. Im Sommer 2013 versammelten sich in Hildesheim verantwortliche Akteure verschiedener Diözesen, um den bis dahin erarbeiteten Kursweg zu durchgehen, miteinander zu erleben und zu evaluieren. Dabei war das philippinische Team als begleitendes und reflektierendes Team dabei und gab wertvolle Hinweise für die weitere Entwicklung. Im Herbst/Winter 2013 und im Frühjahr 2014 wurde der inzwischen sogenannte „Kirchenkurs" zweimal durchgeführt und weiterentwickelt.

In unzähligen Workshops zur Kirchenentwicklung und in einigen Pilotpfarreien sind Elemente dieses Kurses weiterentwickelt und erprobt worden. Es war eine spannende Zeit. Sie hat deutlich gemacht, dass es nicht egal ist, wie dieser Kurs stattfindet. Er ist voraussetzungsreich, er braucht Zeit und verträgt keine Abkürzungen. Sehr schmerzliche Erfahrungen des Scheiterns, aber auch beglückende Erfahrungen des Gelingens führen zu deutlichem Erkenntnisgewinn. Es gibt eine Reihe von Vorgängerversionen, die unter dem Titel „Kleiner Kirchenkurs" ein Programm von vier Abenden bieten, die in Grundperspektiven lokaler Kirchenentwicklung einführen. Als Information und erstes „Anschmecken" mag das akzeptabel und wichtig sein – aber der eigentliche „Kirchenkurs" will ein Weg der Bewusstseinserweiterung und vielleicht sogar einer geistlichen Umkehr und Prägung sein – und das gelingt nicht im Format einer abendlichen Erwachsenenbildung.

Im Ausprobieren wurde der Kurs immer „deutscher", und gewann immer mehr an inkulturiertem Format. Zugleich wurde erkennbar, wie sehr die in ihm eingebrachten Wesenselemente auf einem theologischen und ekklesiologischen Paradigma ruhen, das hier, in großer Transparenz und Einfachheit, in eine Praxis umgesetzt worden ist: Das tiefere Verstehen der Methodik und Didaktik und die innere Konsequenz einer visionsgesteuerten Kirchenentwicklung paart sich mit einem geistlich geprägten und liturgisch vertieften Prozessdesign, dessen innere Mitte die Arbeit am tieferen Verstehen der verschiedenen Phasen der Kirchenentwicklung und der damit verbundenen Momentaufnahmen des Kircheseins ist.

Dieses „Instrument" erscheint hinreichend ausgereift – obwohl es sicherlich weitere Entwicklungsschritte geben wird. Der Wunsch nach praktischen Hilfsmitteln für einen lokalen Kirchenentwicklungsprozess ist groß – und deswegen stellen wir den nun gewonnenen Erkenntnisstand zur Verfügung.

2. Gut zu begründen? – Eine Agenda theologischer Herausforderungen

Wer immer sich auf den Weg einer partizipativen Kirchenentwicklung begibt, wer Prozesse lokaler Kirchenentwicklung auf den Weg bringt und mit den Christen vor Ort einen Weg zu einer neuen Kirchengestalt geht, in der die Pfarrei als ein Netzwerk vielfältiger Formen kirchlichen Lebens erscheint, in der aus der Kraft der Taufe heraus die Verantwortung für das Leben der Kirche und ihre Sendung wahrgenommen wird, der wird neu zum theologischen Nachdenken kommen.

Denn in der Tat geht es hier um eine Praxis der Kirchenentwicklung, in der wesentliche Elemente der theologischen Architektur weiterzuentwickeln sind. Das ist in diesem Kontext natürlich nicht darzustellen – hier kann nur eine Perspektive angedeutet und somit eine theologische Agenda beschrieben werden. Im Hintergrund steht dabei die Ekklesiologie des II. Vatikanums, die sich als eine radikale und tiefgründige Theologie des Volkes Gottes zeigt. Aber genau das wirft Fragen auf.

Die sakramentale Grundgestalt der Kirche

Keine Frage, es ergeben sich viele neue Fragen, wenn man eine Kirchenentwicklung vom Sakrament der Taufe her entwickelt. Eric Boone hat auf ein erneuertes Verständnis der Taufe hingewiesen: Taufe wird im pastoralen Kontext der Gegenwart häufig als Ereignis am Anfang eines Lebens gesehen – worauf es ankommen wird, ist eine Theologie und eine entsprechende Praxis, die die Taufe als Ursprung sieht, ihr also eine je neu zu aktualisierende Weggestalt zu geben. Taufe aktualisiert sich im Jetzt und Heute. Sie ist kein Besitz, sondern lebt aus dem Heute der Begegnung mit dem Christus. Der persönliche Weg zur Taufe, und die persönliche Weggeschichte aus der Taufe muss spezifisch begleitet werden. In einer Zeit der Unselbstverständlichkeit der Taufe muss es also darum gehen, jedem Menschen den Raum für ein Weitergehen zu ermöglichen.

Und das gilt in besonderer Weise dort, wo Menschen als Getaufte Verantwortung übernehmen sollen und wollen. Was braucht es, damit aus einer Kirche der versorgten Getauften eine Kirche wird, in der möglichst viele in unterschiedlicher Weise partizipieren können und ihre Gaben einbringen können? Wie sieht eine „Praxis des Rufens" aus, die Menschen für konkrete Dienste auswählt – und wie sieht eine Praxis der Begleitung und Befähigung aus, die die inneren Talente aktiviert und orientiert?

Es ist schon weltkirchlich selbstverständlich, und wird auch in den Neuaufbrüchen kirchlicher Entwicklung immer deutlicher, dass neue Formen des Kircheseins, aber auch gewachsene Gemeinden, die in einem Netzwerk der Pfarrei eingeknüpft sind, von Teams engagierter Christen geleitet werden. Hier entstehen ähnliche Fragen: Wie nämlich werden in solchen basisgemeindlichen Strukturen der Kirche vor Ort Verantwortungsträger gefunden, ausgebildet und gesandt – und welche Verantwortung wird hier gemeinsam wahrgenommen?

Ein neuer Zugang zum Wort Gottes

Wie aber wächst Kirche, wenn nicht aus dem Hören auf das Wort Gottes? So klar dies scheint, so viele Fragen richten sich an die Praxis einfacher Bibellektüre durch das Volk Gottes. Die Vorbehalte gegen eine „einfache Lektüre" des Wortes Gottes sind massiv, obwohl doch gerade das II. Vatikanum und alle nachvatikanischen Dokumente und Synoden zum Thema dringend darum werben, dass das Wort Gottes gerade deshalb in die Hände der Gläubigen gehört, weil es sie alltäglich nährt, und weil der lebendige Gott mit jedem in eine Freundschaft eintreten will, ihm und ihr teilgeben will an seinem Leben. Es wirkt ein wenig klerikal, wenn behauptet wird, dass eine solche Bibellektüre in Gemeinschaft, wie sie etwa in Lateinamerika, Asien und Afrika durch vielfältige Formen des Gospelsharings eingeübte Praxis ist, gefährlich sei – es bestünde die Gefahr falscher Auslegung. Diese Herausforderung theologisch zu reflektieren und zu vertiefen ist ein Gebot der Stunde, vor allem auch deswegen, weil offensichtlich aus professionell klerikalen Gründen verhindert werden könnte, dass eine wahre Gleichheit unter allen Gläubigen gelebt wird.

Die eucharistische Mitte

Wie wird in einer liquideren und fragileren Vielfalt unterschiedlicher Gestalten des Kircheseins die innere eucharistische Mitte, aus der die Kirche ja schöpft und sich stets neu konstituiert – ja zuallererst wird, deutlich und wie wird sie hier gefeiert?

Zum einen wird sich in den nächsten Jahren zeigen, dass angesichts der Unterschiedlichkeit der Glaubenswege der Christinnen und Christen die Feier der Eucharistie in anderer Weise die Mitte der Kirche ist. Wie ein orientierender Mittelpunkt wird sie für alle von eher Wenigen gefeiert, und zugleich bekommen die vielen Orte des Kircheseins, an denen alltäglich und sonntäglich Wortliturgien gefeiert werden, einen wesentlichen Verweischarakter für die Mitte, aus der das Leben der Kirche sich nähert. Bei den vielen Menschen und Gemeinschaften, die sich auf den Weg machen, die an unterschiedlichsten Stellen ihres Weges zum Geheimnis ihres Lebens sind, wird es wichtig werden, angemessen dieses Geheimnis der Christusgegenwart, das sie anzieht, zu feiern. Die katechumenale Grundstruktur des Glaubens wird in den kommenden Jahren noch viel tiefer zu entdecken und zu gestalten sein: Nicht für alle ist nicht zu jeder Zeit die Stunde der Eucharistie – aber zugleich leben alle aus der Kraft jenes Leibes Christi, der die Kirche ist.

Neu zu denken ist von daher auch, ob nicht das Verständnis der Sakramente aus dieser Perspektive neu zu fassen ist – mehr im Hinblick auf das Wachsen ebendieses Leibes Christi und seiner Gegenwart in der Welt. Deswegen ist auch zu fragen, ob nicht die Hausliturgien, die Wortliturgien und kreativen Ausfaltungen liturgischen Handelns nicht ebenfalls einen sakramentalen Charakter haben.

Darüber hinaus wird im Kontext einer partizipativen Kirche neu nach der mystagogischen Qualität der Feiern zu fragen sein – in einem umfassenden Sinn: Mystagogie setzt dann nicht nur die Frage nach einer echten liturgischen Bildung im Gottesdienst frei, damit wirklich Partizipation im vollen und bewussten Sinne stattfinden kann – Mystagogie ist auch die Frage, ob Eucharistie in ihrer Sendungsdimension wahrgenommen und entfaltet wird. Die diakonische Sendung der Hingabe an die Welt gehört zum Wesenszug und zur Authentizität der Feier und des Lebens, das aus ihr fließen soll.

Communio weiter denken

Aber ganz zentral wird es um eine Neuformulierung der Communio-Mystagogie gehen. Der pastoraltheologische Hintergrund der Gemeindetheologie hatte Pfarrei als sakramentalen Ermöglichungsraum und die eine Gemeinde als eucharistische Frucht enggeführt. Es zeigt sich, dass dieser Zusammenklang schon lange nicht mehr passt, aber auch theologisch nicht zwingend ist. Es ist nämlich neu nach der Einheit zu fragen, die die Eucharistie verwirklicht: Sie ist eine „umfassend-unsichtbare" Wirklichkeit des Leibes Christi, die sich durchaus in den vielen verschiedenen Sozialgestalten zeigen kann. Insofern geschieht „Integration" nicht dann, wenn alle in derselben Sozialgestalt ihr Christsein leben, sondern, wenn alle Sozialgestalten und Formen sich in dem einen Christus verbunden wissen.

Die Qualität eucharistisch geformter und gewachsener Kirche liegt eben genau darin, dass sich sehr unterschiedliche Christinnen und Christen als Brüder und Schwestern in seiner Gegenwart erkennen – und das spricht für eine wechselseitige Provokation: Je tiefer Eucharistie gefeiert wird, je erfahrbarer der lebendige Christus sich verleiblicht, desto vielfältiger und weiter reichen die Möglichkeiten, Communio zu gestalten und zu verstehen. Einheit und Vielfalt steigern sich gegenseitig?

„Maximum participation"

Ein höchstmögliches Maß an Teilhabe an dem Entwicklungsweg der Kirche legt eine deutlich synodalere Gestalt der Kirche nahe. Aber wenn lokale Kirchenentwicklung sich in geistlichen Unterscheidungsprozessen vollzieht, dann gewinnen Räte und Gremien eine neue Bedeutung, dann stellen sich auch weitere Fragen. In der Tat muss immer wieder neu gefragt werden, wie in einer Kirche, die das Verstehen des Volkes Gottes entgrenzt, wie es die Konzilskonstitution über die Kirche tut, synodale Prozesse gestaltet werden können. Es braucht offensichtlich sowohl lokalere Gestaltwerdungen der Kirche als auch zugleich ein weiteres Verständnis der Kirchenzugehörigkeit, weil sonst sehr schnell eine kleine Gruppe wenig partizipative Leitungsaufgaben übernimmt.

Aber in diesem Zusammenhang ergibt sich die Chance, eine Theologie des „sensus fidelium" konkreter zu entwickeln. Denn es geht wesentlich darum, gemeinsam mit möglichst Vielen den Weg zu entdecken, den Gott heute führen will.

Der sakramentale Dienst der Leitung

Je stärker das gemeinsame Priestertum seine ihm originär zukommene Verantwortung wahrnimmt, desto nachdrücklicher wird die Frage nach der Rolle des sakramentalen Amtes gestellt. Offensichtlich ist hier eine grundlegende Neuorientierung notwendig. Dabei erweisen sich zwei Hinweise des Konzils als sehr hilfreich. Zum einen formuliert das Konzil in Lumen Gentium 10, dass sich das gemeinsame Priestertum und das sakramentale Priestertum des Dienstes wesenhaft, und eben nicht graduell, unterscheiden. Deswegen gilt nicht, was vielfach befürchtet wird: dass nämlich die Entfaltung des gemeinsamen Priestertums, die Reichweitenausweitung der Taufe auf Kosten des Dienstamtes ginge. Zum anderen ist zu fragen, worin genau das sakramentale Dienstamt besteht. In Lumen Gentium 18 wird präziser formuliert, dass das Amt in der Kirche wesentlich als Dienst am gemeinsamen Priestertum zu beschreiben ist – und also neu zu fragen ist, welche Kirchenge-stalt daraus wächst. Der Dienst der Leitung – wie kann man ihn so ausgestalten, dass er ermöglicht, orientiert und zur Ein-heit in Christus zusammenführt? Der Dienst der Verkündi-gung und der Feier der Geheimnisse – wie kann er so getan werden, dass die Taufwürde in ihrer Ursprünglichkeit, in ihren Gaben und Talenten sich entfaltet, und wir alle gemeinsam „Christus in seiner vollendeten Gestalt darstellen" (Eph 4)? Das ist nicht nur theologisch zu vertiefen, sondern vor allem praktisch zu beschreiben, denn es ist klar, dass angesichts der Veränderungen der Pfarreien in einer postmodernen Gesell-schaft auch ein neues Bild des Pfarrers und seines Teams an hauptamtlichen pastoralen Mitarbeiterinnen und Mitarbeitern zu zeichnen ist. Wenn die Rede von „Ermöglichung" und „Be-fähigung" zentrale Aufgaben beschreibt, dann wird es darum gehen, diesen Dienst neu zu konkretisieren.

Eine neue Theologie?

Jede neue Kirchenerfahrung führt im besten Sinne auch zu einer neuen Theologie, zu einem neuen theologischen Para-digma. In der Tat – die kreativen Kirchenerfahrungen der Welt-kirche haben schon heute dazu geführt, dass die akademische Theologie in Deutschland merkwürdig epigonenhaft wirkt. Was im Kontext der Theologien der Befreiung, aber auch in Afrika und Asien aufgrund neuer Kirchenerfahrungen gedacht wird, was in England und in den Vereinigten Staaten auf dem Hintergrund der „fresh expressions of church" oder „Emer-ging church" bedacht wird, kann auch unsere Theologie sehr befruchten. Dazu allerdings braucht es den Mut, neue Erfah-rungen neu zu bedenken – und von den alten gewohnten Mus-tern zu lassen.

Das ist hier nicht unsere Aufgabe – es soll aber darauf ver-wiesen werden, dass gerade auch die Beschreibung des Kir-chenkurses, wie er in der Folge beschrieben wird, gründet in einem umfassenden theologischen Paradigmenwechsel, der in-tensives gemeinsames Nachdenken fordert. Aber genau so soll es ja sein: Der gelebte und gemeinschaftlich erfahrene Glaube gibt zu denken und sucht das Denken.

3. Worauf es ankommt – Ziele und Stile eines neues Weges

Am Anfang dachten wir, es gehe um „Small Christian Communities" – sie seien das Ziel dieses Weges, und es gehe darum, sie aufzubauen. Genau das trug ja auch Widerstand ein, denn warum sollte man neue Gemeinden bilden, wenn es doch schon eine Vielzahl an Gruppen und Gemeinschaften, Verbände und Bewegungen gibt, die schon eine beeindruckende Vielfalt repräsentieren.

Am Anfang dachten wir: Bibelteilen müsste überall eingeführt werden. Das dachte schon Ende der 80er Jahre Bischof Josef Homeyer, und hat dieses Element auch in der Synode 1989/90 eingeführt. Diese Erfahrung sollte dann weitergegeben werden in die Gremien und Räte, in alle Gemeinschaften und Verbände – und nachdem es in großer Treue versucht wurde, hat man davon abgelassen. Weil man nicht verstand, warum es zu tun sei … Und man argwöhnte, dahinter stecke ein Vorwurf, den der Bischof dann auch ausdrückte: Er spürte eine spirituelle Schwäche der Christen, und eine schwache Kenntnis der Schrift bei den vielen, die doch engagiert in Gemeinden mitwirken. Aber worum geht es beim Bibelteilen wirklich? Es kann doch nicht um die Methode der sieben Schritte gehen, zumal hier – theologisch – einige Fragen zu beantworten sind (s. u.).

Auf unserem Lernweg hätten wir es schon vorher merken können: Ich erinnere mich an die erste Begegnung mit Fritz Lobinger im Jahr 2002. Schon damals fand ich – inmitten der Faszination und Attraktion der Rede von Kleinen Christlichen Gemeinschaften und dem damals vorzubereitenden Studientag – am Abend vorher das Gespräch faszinierend, bei dem Lobinger auf die weitreichenden ekklesiologischen Konsequenzen dieses Ansatzes verwies: Kirche neu erfahren und neu erleben – das war mehr als kleine Gruppen gründen.

Drei Jahre später hatte Thomas Vijay bei unserer ersten Begegnung zwei überraschende Zeichen gesetzt. Zum einen machte er uns bei der Vorbereitung des Studientages zu Mitwirkenden – ich hatte mich auf die Rolle als Organisator eingerichtet – und begründete das damit, dass die Einübung dieses neuen Weges, Kirche zu sein, ja auch in ihren Methoden und Didaktiken widerspiegeln müsse, was gesagt würde. Zum anderen verwies er darauf, dass die Vision im Hintergrund weiter reichen würde als die Bildung Kleiner Gemeinschaften. Sie seien ein Mittel, und zur Zeit das beste, das er kennen würde, aber die Vision einer Kirche der Zukunft würde weiter reichen und subversiv explosiver sein, als die Rede von den Kleinen Gemeinschaften suggeriere.

Das erahnten wir damals mehr, als wir es weiter belegen konnten. Wir waren weithin fixiert auf die Frage der Bildung neuer Gemeinschaften und der richtigen Form des Bibelteilens … Aber das kann kein Ziel sein, das ist keine Vision.

Es wurde erst seit 2009 augenscheinlicher: in dem schon erwähnten hermeneutischen Grundtext „Towards a non dominating leaderschip" (Lumko, Materialien Nr. 10) erzählt Fritz Lobinger von der Entwicklung einer kleinen Gemeinde (St. Simon). In dieser Geschichte wurde und wird deutlich, dass es dem begleitenden Priester in keiner Weise um Kleine Christliche Gemeinschaften oder um das Bibelteilen ging, auch wenn es ihm wichtig war, sondern vor allem um den Weg, der zu einem immer größeren Selbststand der Getauften, ihrem kirchlichen Selbstbewusstsein, ihrer partizipativen und vollmächtigen Teilhabe und zu einem Weg der Kirchenentwicklung, der dem Kontext und der Grundsituation entspricht, in der die Menschen leben. In der Geschichte Lobingers begleitet und fördert der verantwortliche Priester in kleinen Schritten die Teilhabe am Kirchesein und die Entdeckung selbst Verantwortung zu tragen: Es beginnt beim Lektorendienst und mündet in die Beteiligung Vieler. Auf diesem Weg entstehen auch örtliche Gemeinschaften, auf diesem Weg wird auch der Bedarf an Vertiefung des Glaubens sichtbar – die Fragen der Weiterbildung und der Beauftragungen gewinnen an Gewicht. Das geschieht aber nicht nach einem Masterplan, sondern liegt in dem intensiven Dialog des verantwortlichen Priesters mit dem Gottesvolk.

Dahinter steckt eine Vision des Kircheseins. Es geht um das Volk Gottes, um die Ausfaltung des theologischen Grundansatzes des II. Vatikanums, der sich im Begriff des gemeinsamen Priestertums aller Getauften und der Taufweihe (Lumen Gentium 10) verbirgt und schon in Sacrosanctum Concilium 14, der Liturgiekonstitution des Konzils, unter dem Stichwort der „participatio actuosa" beschrieben ist. Ein solcher Ansatz – so wird in der Geschichte von St. Simon klar und deutlich – ist dann nicht abschließbar. Er beschreibt eine Geschichte mit offenem Ausgang, die weitere Entwicklungsstufen kennen wird, die mit partizipativen Prozessen zusammenhängen, die ihrerseits vom Leiter ermöglicht werden.

Vision und Partizipation sind in der Tat die Grunddimensionen einer Kirchenentwicklung, die auch mit Kleinen Christlichen Gemeinschaften und dem Bibelteilen verknüpft sind. Genau dieser Horizont ist es aber nun, der in der Begegnung mit Mark Lesage und seinem Team von Bukal Ng Tipan vertieft und erweitert wurde. Lesage verfügt über eine dreißigjährige Erfahrung in der Pfarrei Las Pinas, die 80 000 Katholiken am Rande von Manila umfasst und eher arm ist (allerdings mit einer alten, berühmten Bambusorgel). Immer, wenn er die Geschichte der Kirchenentwicklung seiner Pfarrei erzählt, wird deutlich, dass er als Pfarrer alten Stils eine neue Idee hatte, sich selbst intensiv fortbildete und dann versuchte, seine Gemeinde für die Idee zu gewinnen. Das gelang mehr schlecht als recht: Die Getreuen gingen natürlich mit, aber der größte Teil interessierte sich nicht dafür, dass der Pfarrer eine solche Idee hatte.

Eine Vision einer Kirche, die alle beteiligt, kann also nicht durch Vorträge, Exerzitien und besondere Veranstaltungen – und auch nicht durch die Leidenschaft eines charismatischen Priesters – durchgesetzt werden. Es bleibt „die Idee des Pfarrers" – und in jeder Pfarrei wird sich jemand anschließen, aber im Grunde bleibt alles so, wie es war. Deswegen enden die Stationen der Versuche, kleine Gemeinschaften einzuführen, auch in Manila jedes Mal mit der Conclusio des Pfarrers: „And nothing happens".

Keine Vision, so lernt Mark Lesage auf diesem Weg, kann „übertragen" werden und wird „übernommen", wenn sie nicht Sache der Menschen vor Ort ist. Und um das zu ermöglichen, reicht es also nicht, dass Pfarrer – wie gewohnt – Ideen und Visionen haben, die sie dann mit einem Teil der Christen durchführen, während ein anderer Teil, der größere Teil, sich damit einrichtet und damit tröstet, dass auch dieser Pfarrer einmal abgelöst wird.

Es braucht eine Vision, ganz ohne Zweifel, es braucht eine klare Perspektive, zu der man unterwegs sein will, aber es ist eben keine spezifische „Form" des Kircheseins angestrebt, sondern ein bestimmter „Stil", der selbst eine Weise des Kircheseins ist: die Partizipation. Niemand würde gegen Partizipation sein, aber die Art und Weise dieser Partizipation steht in Frage: Räte, Gremien und viele Beratungssettings machen deutlich, dass die Rede von der Partizipation auch in der deutschen Kirchenlandschaft ein feststehendes Essential ist, und natürlich versuchen gute und visionäre Pfarrer, Teilhabe zu ermöglichen und die Gemeinde für ihre Perspektive zu gewinnen – aber das ist nicht gemeint. Denn hier gäbe es immer noch eine „schiefe Ebene" zwischen dem, der die Vision hat, und dem, der sie auch haben soll.

Das geschieht vielfach auch auf Bistumsebene. In intensiven partizipativen Prozessen werden Leitbilder erarbeitet, die dann gedruckt allen Kirchengliedern zur Verfügung gestellt werden, damit diese sie dann übernehmen. Das gelingt in der Regel aber nicht so einfach, denn auch viele Pfarrer sagen dann: „Das ist ohne mich geschehen". Die Distanzierung zwischen „Bistumsleitung" und „denen vor Ort" hat genau mit dieser jeden Entwicklungsprozess hemmenden Frage zu tun, ob denn wirklich auch die Betroffenen Anteil nehmen konnten an der Entwicklung und Ausfaltung einer gemeinsamen Vision.

Deswegen sind zwei Kernworte der visionsorientierten Perspektive von Bukal ng Tipan prägend geworden: Auf der einen Seite geht es eben nicht nur um Partizipation, sondern um eine „maximum participation". Es geht immer darum, dass potentiell der größtmögliche Anteil der gemeinten Personen im Spiel ist. So wird ermöglicht, dass möglichst viele Gesichtspunkte ins Spiel kommen – aber so wird es auch möglich, dass die Vision gemeinsam geteilt wird: „Shared vision" heißt das zweite Mantra, denn eine Vision, so die Erfahrung, „cannot be taught, it has to been caught". Eine Vision kann man nicht informativ vermitteln, es geht um einen ganzheitlichen Rezeptionsprozess, ohne den jede Entwicklung zu kurz greift.

Damit erschließt sich auch ein drittes Stilmerkmal: Es geht immer um einen prozesshaften Weg, der einen langen Atem braucht. Nicht wirklich gewöhnt sind wir in der deutschen Pastoral längere Prozesswege, die zudem noch ohne sichtbares Endergebnis sind. Deswegen sind Strukturmaßnahmen auch zweifellos reizvoll, weil sie nach intensiven Diskussionen und absehbarer Zeit zu scheinbar finalen Ergebnissen kommen. Ein Prozess, der hingegen begleitet wird, damit das Volk Gottes immer mehr seinen eigenen Weg finden kann, ist eine Herausforderung, weil es hier darum geht, im Blick auf die Vision einer partizipativen Kirche Schritt für Schritt jene Wege zu begleiten, die sich nach und nach zeigen. Es ist also keine Zielorientierung, die schon weiß, wohin genau wir kommen, sondern sie hat zum Ziel, dass eine Kirche der Beteiligung wächst, die eine Reihe von Merkmalen aufweist, deren konkrete Gestalt aber nicht von vornherein zu klären ist.

Aus biblischem Ursprung

Als Oswald Hirmer beauftragt wurde, Formen des Bibelapostolats neu zu entwickeln, hatte er eine innere Vision. Er sah auf ein afrikanisches Dorf und sagte sich: „Für diese Menschen, die dort leben, muss das Wort der Schrift zugänglich werden". So entstand das Bibelteilen, das nur scheinbar eine „Methode" ist. Es ging damals, bei der Entwicklung der sieben Schritte, wie auch heute, bei den vielen unterschiedlichen Weisen des Umgangs mit der Schrift, die sich unter dem Begriff des „Gospelsharing" versammeln, nie um eine Konkurrenz zu eher akademisch abgeleiteten Methoden der Bibelarbeit, sondern – im Gefolge des II. Vatikanums und seiner Offenbarungskonstitution – darum, dass möglichst viele Christinnen und Christen eine Erfahrung der Gegenwart des auferstandenen Herrn machen können. Dieser biblische Ursprung, der immer wieder das Ereignis der Gegenwart des Auferstandenen wirkmächtig erfahren lässt, ist ja zugleich auch die Grunderfahrung der Kirche als Erfahrung des Leibes Christi: Hier realisiert sich zugleich auch ein Maximum an Teilhabe. Es ist beeindruckend, dass der Weg des Gospelsharing sehr konsequent die Beteiligung aller ermöglicht – und so eine Spiritualität in Gemeinschaft ermöglicht.

So geht es bei der Begegnung mit dem lebendigen Wort im Wort der Schrift immer darum, dass jeder Lernweg seine Inspiration beim Wort des Evangeliums hat. Auch der Kirchenkurs und jeder Workshop lebt aus dieser Kraft, der zugleich die Verheißungen des Evangeliums konkret zu erfahren gibt.

Es ist spannend zu erleben, wie diese Fokussierung auf das Wort des Evangeliums nicht nur äußerlich „vorgeschaltet" wird, sondern immer wieder die innerste Mitte aller Lernvollzüge wird – und es immer darum geht, dass alle in ihrem Hören auf das Wort und im Teilen ihrer Erfahrungen beteiligt sein können.

In der Liturgie feiern

Dass die Liturgie Höhepunkt und Quelle des gesamten kirchlichen Lebens ist, zeigt sich in jeder Phase eines Workshops oder Kurses, der auf diese Folie einer partizipativen Kirche zeigt. Von Anfang an war dabei aber klar, dass diese Liturgie sehr genau ausgerichtet auf die konkreten Situationen und Anlässe ist – und dass sie eingebunden ist in das Lern- und Vertiefungsgeschehen der Kirchenentwicklung. Das kann eigentlich nicht überraschen. Es geht in keiner Weise darum, irgendwie auch noch einen Gottesdienst zu feiern, irgendwie eine Messe unterzubringen, sondern die hier gefeierten Liturgien bringen zugleich zum Ausdruck, welchen Weg gemeinsamen Lernens gegangen wird oder wurde. Das ist ein spannendes Merkmal dieses Weges: Auch hier geht es nicht zuerst um sakramentale Feiern und also um die Eucharistie, sondern um ganzheitliche Wortliturgien, die von einer intensiven „participatio actuosa" leben. Wer bei solchen Workshops Liturgien mitgefeiert hat, wird sagen, dass dies eigentlich die dichtesten Momente der ganzheitlichen Gesamterfahrung waren. Es macht noch einmal deutlich, wie sehr gerade die Liturgie als Erfahrung prägend wirkt und zum Ausdruck zu bringen vermag, worum es eigentlich geht: um eine Erfahrung des Kirchewerdens.

„Community building"

Der gemeinsame partizipative Weg, der sich im Austausch, im Teilen der Schrift und in den Liturgien bezeugt, führt immer zu einer Erfahrung der Ekklesiogenesis – des Werdens einer Glaubensgemeinschaft. Weg und Ziel ist also nicht nur ein Lernergebnis, eine neue Erkenntnis, sondern eine Erfahrung, eine Erfahrung, wie Kirche wird. Und die Erfahrungen der Summerschools und aller Workshops, die wir in diesen letzten 10 Jahren miteinander geteilt haben, führten zu dieser Erfahrung – auch deswegen, weil auf diese Weise im Handeln und Tun vor Ort bezeugt werden kann, was ja das Ziel der Prozesse einer lokalen Kirchenentwicklung, in einer Kirche der Beteiligung ist.

Immer geht es um den Aufbau einer beziehungsreichen Lebenswirklichkeit, in der der auferstandene Christus erfahren werden kann, wobei die Werte des Evangeliums ins Leben kommen. Nun wird auch leicht erkennbar, warum die Rede von den Kleinen Christlichen Gemeinschaften doch ebenfalls ein Wesensmerkmal dieses partizipativen Weges einer erneuerten Ekklesiogenesis ist – und warum es zugleich irreführend ist, dabei an eine feste Form kleiner Glaubensgruppen zu denken.

Wer immer eine Kirche denken will, die sich aus einer radikalen Theologie des Volkes Gottes heraus entwickelt, wird den institutionenzentrierten Blick verlassen, und sich vielmehr fragen, wie sich durch Partizipation und Beteiligung möglichst Vieler und aus der Kraft des Evangeliums Erfahrungen des Kircheseins zeigen können. Auf eine neue Weise Kirche sein, das heißt nichts anderes, als dass Beziehung und Teilhabe den Königsweg darstellen – und damit ist auch klar, dass es immer eine lokale Kirchenentwicklung geben wird, die sehr konkret in einem genau beschreibbaren Kontext lebbare Beziehungsnetze erfahrbar werden lässt. Damit ist nicht wirklich etwas über die konkrete Form einer Kirche der Beteiligung gesagt.

Natürlich haben sich nach dem Konzil und in den (vor-) modernen und häufig weithin rural geprägten Gesellschaften Lateinamerikas, Afrikas oder Asien kirchliche Basisgemeinden entwickelt, die im Umfang eines Stadtteils, einer Nachbarschaft oder eines Dorfes gebildet werden, und somit den Sozialraum und Lebensraum einer gewachsenen Lebenswirklichkeit abbilden. Wer also etwa in die zentrale Pfarrei von Davao auf der philippinischen Insel Mindanao nach der Gestalt der Kirche dort fragt, wird auf die ca. 30 Basisgemeinden verwiesen, die diese Pfarrei zu einem beziehungsreichen Netzwerk von Stadtteilgemeinden machen.

Sobald aber postmoderne Stadtlandschaften entstehen, sobald sich die Weise der Beziehungsgestaltung verflüssigt und Menschen nicht nur auf nachbarschaftliche Beziehungsnetzwerke begrenzt sind, entstehen neue Chancen und Möglichkeiten für eine beziehungsreiche lokale Kirchenentwicklung. Was im anglikanischen Raum unter dem Stichwort der „fresh expressions of church" formuliert wird, zeigt sich ja auch im deutschsprachigen Raum: es können – gerade auf dem Hintergrund einer Kirche der Beteiligung neue und andersartige Formen des Kircheseins entstehen, neben und inmitten sich weiter entwickelnder anderer Gestalten kirchlichen Lebens. Zentral bleibt aber immer, dass dieser Ansatz die Grundvollzüge kirchlichen Existierens auf dem Hintergrund gelebter Beziehungen denkt und fördert.

„Mission shaped" – die wesentliche Kontextualität

Der Umgang mit dem Wort Gottes, das liturgische Feiern, die Gestalt der Kirchwerdung, die Modi der Partizipation – all das wird geprägt durch den konkreten Kontext, in dem Menschen beziehungsreich dem Evangelium Gestalt geben. Wie schon in der Geschichte der Gemeinde St. Simon geht es ja nicht darum, neben oder auf den gelebten Zusammenhang und der gewachsenen Erfahrung etwas „Neues", von außen Kommendes, Fremdes aufzusetzen, sondern mit den konkreten Menschen in ihrem konkreten Lebenskontext zu fragen, wie hier Weiterentwicklung im Blick auf eine Kirche der Beteiligung geschehen kann.

Mithin ist der erste Blick immer auf den Kontext und die Beteiligten zu richten: Was verbindet hier die Menschen, was ist ihr gemeinsames Anliegen, wofür sind sie begeistert? Was bewegt sie? Und zugleich ist zu fragen: Welches sind die „Freuden und Hoffnungen, die Trauer und Angst" (Gaudium et spes 1), welches ist die konkrete Herausforderung, die konkrete Sendung dieses Ortes, der spezifische Ort, an dem Gottes Ruf vernehmbar wird – die konkrete Gegenwart des österlichen Geheimnisses von Tod und Auferstehung?

Hier gründet im übrigen die Logik des oft missverstandenen „6. Schritts" des Bibelteilens – und deswegen ist klar, dass es einen inneren Zusammenhang zwischen Lebensraumorientierung, Kirchenentwicklung, Leben aus dem Ursprung des Wortes Gottes gibt: Dort, wo man das alltägliche Leben beziehungsreich teilt und wo aus der Kraft des Evangeliums Kirche in neuer Weise hervorgebracht wird, dort ist wesentlich die Frage nach Dienst und Sendung gestellt, denn die Nöte der Menschen, die Fragen und Probleme und Herausforderungen ergeben sich aus diesem Leben „von selbst".

Die Vision einer Kirche der Beteiligung – worauf es also ankommt

Es geht bei einer lokalen Kirchenentwicklung im Horizont einer Kirche der Beteiligung also weder um ein weltkirchliches Rezept noch um einen Import pastoraler Südfrüchte. Es geht vielmehr um nichts anderes als um einen Erneuerungsprozess und eine erneuernde Inkulturation des Evangeliums, die zu neuen Weisen des Kircheseins führt. Aber genau diese erneuerte Gestalt der Kirche wächst aus einer intensiven Bemühung um Erwartungen und Hoffnungen der Mitchristen und dem weiten Ziel einer Kirche des Volkes Gottes. Die hier benannten Merkmale öffnen den Horizont auch auf ganz neuartige Weisen des Kircheseins, machen aber auch deutlich, dass auf diesem Weg die grundlegende Tradition der Kirche sich weitergibt und neu zu denken gibt.

Wenn in diesem Kontext dann in konkreten Workshops, Summerschools und im Kirchenkurs, der hier vorgestellt wird, dieselben Wesensmerkmale kennzeichnend sind und eingeübt werden, dann soll dies eine Begleitung dieser Prozesse ermöglichen, mit dem weiten Horizont einer zukunftsgerichteten Entwicklung der Kirche.

4. Methodik, Didaktik und Evaluation

Eine Didaktik des Volkes Gottes

Fast alle heutigen didaktischen Modelle sind sich in zwei Anforderungen an Lernprozesse einig: Unverzichtbar im Vordergrund stehen Zielgruppenorientierung und Teilnehmerpartizipation. Denn wenn wir heute von Didaktik sprechen, umfasst dies nicht mehr engführend nur die Frage nach dem „was", sondern auch Fragen nach dem „ wer, mit wem, wo, wozu, wie, womit, warum", usw. Es steht also nicht das Vermitteln von Wissen im Vordergrund, sondern immer mehr rückt in den Fokus, dass Lernen auch ein Beziehungsgeschehen ist. Die Art und Weise, in der wir in einem Seminar, einem Workshop miteinander kommunizieren, hat ganz entscheidend darauf Einfluss, was am Ende für die Teilnehmer erinnerungswürdig bleibt und also wichtig ist. Für diejenigen, die den Kurs durchführen, ist aber gleichermaßen wichtig zu verstehen, was es heißt, dass wir es in dem Kurs mit Erwachsenen zu tun haben. Es kann also nicht darum gehen, Wissen wie das Geld am Bankautomaten „einzureichen oder herauszuziehen". Vielmehr geht es darum, Räume zu öffnen, in denen die Teilnehmer durch praktische Übungen, also durch eigenes Tun, Erkenntnisse gewinnen und absichern können, denn nur so kann nachhaltiges Lernen stattfinden. Entscheidend für die Nachhaltigkeit solcher Lernprozesse ist auch, dass die Teilnehmer Klarheit gewinnen im Blick auf ihre Motivation, und dass sie im Kurs die Relevanz für ihre konkreten Situationen erkennen können.

Schaut man nun genauer auf den Aspekt der Teilnehmerpartizipation, so ist oft die Rede von einem „profiling", das vor dem Kurs stattfinden sollte. Für die Durchführung des Kurses wird es daher zu bedenken sein, dass hier zwar ein konkreter Ablauf zugrunde liegt, die konkrete Durchführung aber immer wieder die Bedürfnisse und Situationen der Teilnehmer/teilnehmenden Teams berücksichtigen muss, um dem Erfordernis der Relevanz Rechnung zu tragen.

Effektives Lernen ist immer auch ein dialogisches Geschehen, also ein aktiver Vorgang des eigenen Erkennens. Es geht also auch darum, durch die Art der Kursführung (Diskussion, Austausch, Fragen) aktive Teilnahme zu ermöglichen und nicht nur bloßes Zuhören oder Zuschauen. Wichtig ist auch, was auf der affektiven Ebene geschieht, denn es geht ja nicht nur um kognitive Erkenntnisse. Lernen ist durchaus ein ganzheitliches Geschehen. Gelernt wird auch durch Beispiele und Geschichten – und wir „lernen" auch in den Liturgien.

Was aber bedeuten diese didaktischen Überlegungen im Blick auf den Kirchenkurs? Denn es geht ja darum, den Weg zu einer Kirche zu entwickeln, an der so viele wie nur möglich teilhaben können. Theologisch gewendet würde uns dies hier zu einem mystagogischen Ansatz der Didaktik bringen, der die oben genannten Aspekte im Rahmen von Kirchenentwicklung neu durchbuchstabiert.

Das wirft auch noch einmal ein neues Licht auf Ziele und Methoden des Kurses. Ein wesentliches Ziel ist es daher, dass sich zunächst eine Lerngemeinschaft herausbilden kann, die spirituell gegründet ist, ihren Ursprung also in der gemeinsamen Begegnung mit Gott in seinem Wort hat. Unverzichtbar ist deshalb das gemeinsame Hören auf das Wort und das gemeinsame Beten. In einem solchen geistlich geprägten Raum wird Lernen auf neue Art und Weise erfahrbar. Teilnehmer und durchführendes Team verstehen sich als Brüder und Schwestern im Volk Gottes, die sich auf Augenhöhe begegnen und gemeinsam Christus als den eigentlich „Lehrenden" entdecken. Es braucht diesen Raum, in dem in dieser Atmosphäre gedacht, entdeckt, kommuniziert werden kann. Für das leitende Team bedeutet das aber vor allem, nicht einfach „Expertenwissen" weiterzugeben, sondern sich als Menschen zu verstehen, die helfen, dass die Teilnehmer das selber Entdeckte analysieren und deuten können, sodass es relevant für ihr Leben und ihren Dienst wird. Wo dies in einer Haltung des Ermöglichens gelingt, wird erfahrbar, was es heißt, auf neue, andere Art Kirche zu sein. Und wenn Teilnehmer am Ende dann sagen, dass sie den Kurs als eine Art von Exerzitien erfahren haben – „Exerzitien auf eine neue Art, Kirche zu sein" – dann ist dies tatsächlich ein Indikator dafür, dass die Durchführung des Kurses den Raum für einen geistlichen Weg eröffnet hat.

Würden wir für englischsprachige Leser schreiben, ließen sich Inhalt und Ziel des Kirchenkurses auf einen ganz einfachen Nenner bringen, der da hieße: Formation! Hier zeigt sich aber – wieder einmal! –, dass es nicht um ein bloßes Übersetzen geht, denn mit einem Wort ist eine je eigene Welt verbunden. Und die entscheidende Frage dabei ist doch, was wir eigentlich für Bilder im Kopf haben, wenn wir von Bildung, Fortbildung, Weiterbildung, Schulung, usw., sprechen? Im Nachdenken darüber wurde uns klar, dass sich, im englischsprachigen Kontext, hinter dem Wort „formation" eine Komplexität verbirgt, die unserer Meinung nach keines unserer deutschen Wörter so zum Ausdruck zu bringen scheint. Formation, das meint im englischsprachigen Kontext natürlich auch Bildung, aber wenn wir es auf unseren kirchlichen Kontext übertragen, dann birgt dieses Wort eine Vielzahl von Konnotationen in sich, die immer auch mitzudenken sind. Es geht um Bewusstseinsbildung, um das Vermitteln von Fähigkeiten und Fertigkeiten (skills), die eine Kirche der Beteiligung möglichst Vieler ins Leben bringt. Es geht auch darum, durch die Art und Weise unseres Tuns Gemeinschaft aufzubauen und zu stärken. Und auch darum, Leitung als Dienst, als dienende Leitung einzuüben; und, last but not least, geht es auch darum, dass „formation" in diesem Kontext ein spiritueller Prozess ist und Räume für Wege der Umkehr öffnen soll.

Vor diesem Hintergrund ließen sich die allgemeinen Ziele des Kurses in etwa so formulieren:

In einem ganzheitlichen, geistlichen Bewusstwerdungsprozess entdecken die Teilnehmer die Vision einer Kirche der Beteiligung und machen sie sich zu eigen.

Die Teilnehmer erkennen und erfahren, dass Kirchenentwicklung ein geistlicher Weg ist. Als spätere Wegbegleiter lokaler Prozesse sollen sie deshalb selber einen Weg der Umkehr vollziehen, um so später Räume für diesen Weg eröffnen zu können. Dieser Weg ist biblisch geprägt und geschieht vor allem auch durch unterschiedliche Weisen des Umgangs mit der Schrift (Liturgien).

Teilnehmer, aber auch die Leiter des Kurses sind nie einzelne Personen, sondern immer eine Gruppe mehrerer Personen von einem gemeinsamen Ort, bzw. ein Team. Im Kurs entdecken sie die Bedeutung eines Teams, das sich als ermöglichendes Team versteht und so partizipative Lernprozesse initiieren kann.

Auch Reflexion und Evaluation sind wesentliche Merkmale eines jeden Kurses. Und in der Evaluation ist dann tatsächlich oft zu erkennen, dass für die meisten der Teilnehmer gerade dieser Aspekt der Umkehr, der Wandlung eine große Rolle gespielt hat: Wandlung besonders im Blick auf die Wahrnehmungen und Haltungen, mit der so mancher Teilnehmer zu Beginn des Kurses gekommen ist, nämlich mit einem Blick, der mehr als alles andere den Mangel der jeweiligen Situation wahrnimmt. Dieser Blick wird oft abgelöst von einem Blick auf die Chancen und Möglichkeiten, die sich auf diesem Weg zeigen und ergreifen lassen. Und dann kann neue Motivation entstehen, diesen Mangel tatsächlich als Sprungbrett in Neues zu begreifen und motiviert nach Wegen zu suchen, wie sich Kirche lokal weiter und neu entwickeln kann. Das „Was" ist also klar, aber immer drängender wird allenthalben die Frage danach, wie das denn konkret gehen kann.

Lehren oder ermöglichen? – Die Frage der Methodik

Wir haben viel gelernt mit und von den Freunden aus der Weltkirche. Und, wie bereits oben beschrieben, gab es immer wieder auch viel zu übersetzen. Das Wort „formation" war ein typisches Beispiel, aber was ist denn gemeint, wenn da die Rede ist von „facilitator", „enabler", „prayer leader", „animator"? Auch hier standen am Ende dann meistens Umschreibungen für Wörter, die im Englischen so einfach und eingängig sind, nicht aber für eine deutsche Übertragung. Wir begannen, Fragen zu stellen. Denn wenn das Übersetzen schwierig wird, ist das oft auch ein Hinweis, dass die zugrundeliegende Kultur eine ganz andere ist als die, die wir kennen. Und in der Tat wurde sehr schnell ein wesentliches Merkmal deutlich, nämlich, dass es bei allen Lernprozessen im Rahmen von lokaler Kirchenentwicklung nicht darum geht, dass ein oder mehrere Experten ihr Wissen weitergeben, sondern dass ein Raum geschaffen wird, in dem gemeinsames Lernen das Ziel ist. Und ermöglicht wird. The method is the message – dieser Satz hat sich uns eingeprägt und wurde zum Wasserzeichen aller Workshops und Seminare, die wir durchgeführt haben.

In einem Workshop aus der Diözese Daru-Kiunga in Papua-Neuguinea lasen wir die Frage: „What is the difference between a leader and an animator?" Es liegt auf der Hand, dass Übersetzungsschwierigkeiten bereits anfingen bei dem Wort „Animator", denn die Bilder, die uns unser Kopfkino einspielt bei diesem Begriff, docken nur schwer an das Feld „lehren und lernen" an. Und doch steckt, jenseits unserer gewohnten Konnotation, in diesem Wort genau das, worum es geht: die Anima, die Seele. Und hier liegt auch die Herausforderung für uns, und zwar in den Haltungen, in der Art, wie wir solche Prozesse, Kurse, Workshops gestalten und durchführen.

In dem oben genannten Workshop aus Papua wurde jemand, der leitet und lehrt, beschrieben als ein Mensch, der „vorne steht"; der sagt, wo es lang geht, der die Richtung vorgibt, usw. Hingegen ist der „animator" ein Mensch, der inspiriert, „be-seelt", Wertschätzung zeigt für das Wissen, das schon in den Menschen ist und der deshalb Räume öffnet für das gemeinsame Hören auf Gott, damit dieses Wissen ans Licht kommen kann. Und damit die „Experten" im Team dann helfen zu deuten, ergänzen, was noch fehlt und wichtig ist. Also auch hier: eine Methodik, die mystagogisch ist.

Ein wesentlicher und unverzichtbarer Teil dieses Kurses, aber auch aller unserer Seminare oder Workshops, sind die Liturgien. Denn zu betonen bleibt: Es geht ja nicht in erster Linien darum, Wissen oder Fähigkeiten und Fertigkeiten zu vermitteln, sondern gemeinsam Prozesse anzustoßen, die eine Kirche der Beteiligung ins Leben bringen und stark machen können. Dass dies nicht ohne unsere Hinwendung zu Gott geht, ist klar.

Wie dies in einer partizipativen Grundhaltung geschehen kann, ist ein Frage der Bewusstwerdung und der Einübung, aber sehr deutlich auch eine Anfrage an die Haltung des Teams, das den Kurs leitet. Wie man diese Haltung beschreiben könnte, lesen wir in einem Arbeitsblatt, das aus einem Workshop des Teams des Pastoralinstituts Bukal ng Tipan von den Philippinen kommt: „Ein Dirigent ist für das Orchester wichtig, aber er oder sie ist auch abhängig von dem Orchester. Er/Sie ist kein Solist. Seine/ Ihre Rolle ist es, alle Mitglieder des Orchesters zusammenzubringen, damit ein wunderbarer Klang entstehen kann. Der Vorsteher/Leiter ermöglicht 'die aktive, volle und bewußte Teilhabe' (Sacrosanctum Concilium 14) der Gemeinschaft an einer liturgischen Feier." (Bukal ng Tipan, Evolution Prayer Leader).

Hier wird auch noch einmal deutlich, wie wichtig für den Prozess die Art und Weise ist, in der ein Team den Kurs leitet.

Kann man diese Wechselwirkung - Dirigent / Orchester - wirklich erkennen? Spürt man bei denjenigen, die der Liturgie vorstehen, dass sie Menschen sind, die ihr eigenes Glaubensleben mit einbringen? Die innerlich an der Liturgie beteiligt sind und nicht nur eine Rolle ausführen? Dass sie authentisch sind im Gebet und im Lesen der Schrifttexte? Dass sie durch die Art ihrer Leitung ihren eigenen Glauben bezeugen, ohne sich selbst dabei in den Mittelpunkt zu stellen?

In der Tat ist und bleibt wichtig, wie dieser Grundton einer Kirche, die auf die Beteiligung möglichst Vieler ausgerichtet ist, gespielt wird – ein Grundton, der – und dies nicht zuletzt – einen Raum öffnen soll, in dem wir gemeinsam Gott erfahren können; einen Raum, der ins Gebet führt. Und das wird nur gelingen, wenn wir, die wir an-leiten, spürbar selber betende Menschen sind. Denn ganz besonders für die Methodik gilt: the method is the message.

Ein noch ungewohntes Instrument – die Evaluation

Wenn es einen Aspekt zu benennen gilt, den uns die weltkirchlichen Lernpartner immer wieder als unverzichtbar ans Herz gelegt haben, so heißt dieser Aspekt: Evaluation.

Auf den Philippinen haben wir erlebt, dass am Ende eines jeden Workshops, jedes Gebetstreffens, die Teilnehmer gebeten werden, ihre Meinung zu dem, was sie erfahren haben, mitzuteilen. Ja, sogar in einer Messfeier auf den Philippinen wurden statt Predigt Zettel und Bleistift verteilt und die mitfeiernden Christen gebeten, ihre Meinung zu äußern – im Hinblick auf die Musik in den Gottesdienstfeiern, im Hinblick auf die Gestaltung des Kirchenraumes, ja sogar im Hinblick auf die Predigt. Das war eine spannende und auch herausfordernde Erfahrung für uns, denn so sehr wir auch von dieser Wirklichkeit fasziniert waren, so stark kamen uns doch gleichzeitig auch die Zweifel: das würde ganz sicher so nicht gehen bei uns!

Warum eigentlich nicht? Warum war auch unsere erste Reaktion Begeisterung, aber fast im selben Atemzug dann Zweifel und Skepsis im Blick auf unser heimisches Umfeld?

Schon in den didaktischen und methodischen Überlegungen haben wir gesehen, wie mächtig Worte sind – wirkmächtig. Denn auch wenn wir von Evaluation sprechen, geht es ja wieder um die Frage, was für Bilder wir denn haben, wenn wir dieses Wort hören, es selber benutzen. Per definitionem geht es bei diesem Wort doch eigentlich sehr neutral um „Auswertung", um systematische „Bewertung" von Prozessen, von Projekten, usw. Und im Kern also darum, systematisch festzustellen, inwieweit gesetzte Ziele erreicht wurden – und was das für die weitere Entwicklung bedeutet.

Warum also scheint sich das – nicht nur gefühlte – Szenario sofort zu verändern, wenn wir den ökonomischen oder auch sozialen Kontext verlassen und uns in unserem deutschen Kontext in das Feld „Kirche" begeben? Und warum erscheinen die unterschiedlichsten Formen von Evaluation im weltkirchlichen Kontext so einen selbstverständlichen Platz zu haben, bei uns aber nicht?

In dem Wort „Evaluation" steckt ja der lateinische Ursprung „valor". Aber im kirchlichen Kontext scheint sich hier ein Verständnis von Evaluation eingeschlichen, ja fast schon tradiert zu haben, das „Wert" in „bewerten" umdeutet, und das fast immer negativ. Und das ist dann nur allzuoft synonym zu: kritisieren, meckern, bemängeln … Und tun wir das nicht auch in unserem kirchlichen Kontext häufig und ausgiebig – aber meistens erst dann, wenn das Kind schon in den Brunnen gefallen ist und wir an Wiederbelebungsversuche ohnehin nicht mehr glauben.

Dabei ist doch Kritik oft berechtigt und, positiv zum Ausdruck gebracht, ein wesentlicher und notwendiger Schritt, um Entwicklung voranzubringen. Und nichts anderes bedeutet Evaluation. Aber während wir im wissenschaftlichen Kontext sehr klare Formen und Methoden dafür haben, scheint dies in unserer Kirche zu fehlen. Und schon gar nicht können wir bei uns von einer Kultur der Evaluation sprechen, wie wir sie im weltkirchlichen Kontext kennengelernt haben.

Bereits kurz nach Ende des Zweiten Vatikanischen Konzils entwickelte Bischof Fritz Lobinger, Mitbegründer des Lumko-

Pastoralinstituts in Südafrika , Instrumente, die auf Standort-bestimmung und das Erkennen von Wachstumsmöglichkeiten angelegt waren. Verschiedene Tools wurden entwickelt, mit denen die Gemeindemitglieder selber ihre jeweilige Situation beschreiben, reflektieren und deuten konnten, um aus dieser Reflexion heraus eigene, selbständige Wachstumsschritte zu erkennen – und umzusetzen. Bischof Lobinger beschreibt in der Geschichte von St. Simon (eine damals real existierende Pfarrei und nicht nur fiktiv, wie wir vermuteten) die Entwick-lungsgeschichte einer Pfarrei in Südafrika, auf die man durch-aus auch mit dem von uns gewohnten Mangelblick schauen könnte: kein Geld, keine Engagierten, ausfallende Dienste in den Messfeiern, usw. Und er beschreibt dann vor diesem Hin-tergrund, wie durch Erkennen und Deuten der verschiedenen Situationen Menschen aus sich heraus gemeinsam konkrete Lösungsansätze gefunden haben.

Formen einer Evaluation im kirchlichen Kontext also, die in ihrem Ergebnis das Leben der Kirche vor Ort hat wachsen las-sen.

Evaluation ist nur ein Teil dieses von den beiden Bischöfen in Südafrika entwickelten Pastoralansatzes, aber war durch-aus von Anfang an ein wesentlicher Aspekt um Kirchenent-wicklung voranzubringen. Besonders durch Bischof Oswald Hirmer ging es, von Südafrika aus, dann im asiatischen Kon-text weiter. Bei verschiedenen Exposure in ein Pastoralinstitut im indischen Nagpur lernten wir Instrumente zur Evaluation kennen, die im indischen Kontext weiterentwickelt wurden. Und am Ende dieser Workshops wurden wir immer aufgefor-dert zu evaluieren, in sehr einfacher Weise: „Was war gut? Wo und wie können wir / die Leiter / … wachsen?" Aber auch in dieser Einfachheit – oder vielleicht gerade wegen dieser Ein-fachheit? – entstanden immer Inspirationen für einen nächs-ten, weiterführenden Schritt.

Eine intensive Weiterentwicklung dieser Instrumente haben wir dann in der Begegnung mit dem Pastoralinstitut Bukal ng Tipan kennengelernt. Hier, in diesem philippinischen Kontext, kann man durchaus von einer Kultur der Evaluation sprechen, die sich eingeprägt hat. Nichts wird getan, sei es Workshop, Seminar, Liturgien, usw., ohne dass am Ende einer Reihe evaluiert wird, bis hin zu den Moderationsfähigkeiten der Leiter. Schwer zu denken bei uns, aber so eröffnet sich ein Horizont, in dem systematisch Wachstum ermöglicht wird.

In der Begegnung mit Freunden in Frankreich, im Erzbistum Poitiers, erkannten wir dann, dass auch hier die Evaluation als Ermöglichung von Wachstumsschritten eine zentrale Rolle spielt. Aber anders als wir es vorher erfahren hatten, spricht man hier nicht von Evaluation, sondern von Relecture, also von einem Wieder-Lesen – und das unterscheidet sich nicht nur in der Ausdrucksweise, sondern auch im Tun, denn hier geht es um das „Wieder-Lesen" der zurückgelegten Wegstrecke mit den Augen Gottes. Im Mittelpunkt stehen nicht Fragen wie: „Was ist passiert?" oder „Was war gut? Was können wir verbessern?", sondern es geht vielmehr immer darum zu erkennen und zu deuten, was Gott getan hat. Für die örtlichen Gemeinden im Erzbistum Poitiers, als kleinste Basiseinheit der im Jahr 2014 neugegründeten *nouvelles paroisses,* sind diese regelmäßigen Relectures zentral, denn dies ist der Moment, in dem die Menschen am Ort versuchen, dies gemeinsam zu entdecken: Welche Wege ist Gott mit uns gegangen?

Entwickelt wird diese Relecture an der Emmaus-Geschichte, wie wir sie im Lukas-Evangelium lesen. Zunächst einmal geht es um das Wahrnehmen dessen, was passiert ist („*Was sind das für Gespräche, die ihr unterwegs miteinander führt?*"). Und in einem zweiten Schritt („*Brannte nicht unser Herz in uns, als er auf dem Weg mit uns redete und uns die Schrift erschloss?*") wahrzunehmen und zu unterscheiden, was sich im Leben konkret gezeigt hat. Und in einem dritten Schritt („*Und sie standen auf und kehrten zur selben Stunde nach Jerusalem zurück.*") können dann vor diesem Hintergrund Optionen für einen nächsten Schritt getroffen werden.

Aber kennen wir das nicht auch, dieses gemeinsame Hinschauen auf unsere kirchlichen Situationen, auch wenn wir dabei nicht unbedingt von Evaluation sprechen?

Schließlich gibt es regelmäßige Visitationen und ähnliches mehr. Was denn wäre das „mehr", wenn wir in der oben beschriebenen Weise versuchen würden, eine Kultur der Evaluation zu entwickeln? Ein Mehr wäre vor allem eine Beteiligung der Menschen, die an dem konkreten Ort leben. Denn sie kennen ihre Realität am besten und wenn wir von einem Maximum an Partizipation sprechen, so ist Evaluation doch nicht vorstellbar, wenn man nicht die Menschen einbezieht, die es direkt betrifft, und die ja die Subjekte der Kirchenentwicklung sind – oder es zumindest sein sollten. Aber vielleicht scheitern diese Formen der Evaluation ja auch daran, dass wir keine Ziele gesetzt – oder zumindest nicht formuliert – haben, auf die hin wir dann evaluieren könnten. Denn wenn dann z. B. im Rahmen einer Visitation die Zahl der sonntäglichen Kirchenbesucher abgefragt wird, so ergibt sich daraus ja nicht zwangsläufig, dass damit das Ziel verbunden ist, gemeinsam nach Wachstumsschritten zu suchen. Damit dies gelingt, müsste das Volk Gottes an einem je konkreten Ort vorher gemeinsam Ziele erkennen und festlegen, die sich aus der gemeinsamen Wahrnehmung der Situation vor Ort ergeben. Und vor diesem Hintergrund müsste dann evaluiert werden, ob diese gemeinsamen Ziele erreicht sind – oder eben noch nicht. Für eine solche Form der Evaluation braucht es aber Kriterien, das heißt, konkrete Indikatoren, an denen man festmachen kann, was sich entwickelt hat – und woran wir noch weiter arbeiten müssen. So könnte sich eine Kultur der Evaluation entwickeln, nicht nur im Kontext eines überschaubaren Workshops oder Kurses, sondern im Gesamt der Kirchenentwicklung. Diese Herausforderung anzunehmen, könnte uns helfen, das Gewohnte zu überwinden, nämlich dass wir klagen und versuchen zu intervenieren, wenn das Kind schon fast ertrunken im Brunnen liegt.

5. Der rote Faden

Vor dem Eintreten in die konkrete Arbeit mit dem Kirchenkurs in seinen einzelnen Modulen erscheint uns ein Hinweis auf das Prozessdesign und die Durchführung wichtig.

Der Kurs selbst dient der Bewusstseinsbildung des lokalen Teams, damit dann vor Ort entsprechende Bildungs- und Begleitprozesse durchgeführt werden können. Wir verweisen darauf, dass Teile des Kurses auch verwendet werden können für den Prozess in der Gemeinde selbst, der sich dann aber sehr unterschiedlich – eben lokal – entfalten wird.

Eine inzwischen mehrjährige Erfahrung mit dem Kirchenkurs hat uns zu der Erkenntnis geführt, dass es keinen Sinn macht, wenn Einzelne daran teilnehmen. Denn es geht hier ja nicht um eine Fortbildung, darum, die persönlichen Fähigkeiten und Fertigkeiten zu entwickeln und auch nicht darum, eine individuelle Spiritualität zu vertiefen, sondern es geht darum, wie sich Kirche vor Ort entwickeln und wie sie wachsen kann. Dies kann aber nur geschehen, wenn sich Teams aus einem konkreten Ort finden, die Interesse daran haben, solche Prozesse zu beginnen. Aus unserer Erfahrung müssen in diesem Team Hauptamtliche (Pfarrer oder der von ihm benannte Priester) und Hauptberufliche (pastorale Mitarbeiter), aber eben auch engagierten Christen („Ehrenamtliche") gemeinsam an diesem Kurs teilnehmen.

Analog gilt dies aber auch für diejenigen, die den Kurs durchführen und leiten. Auch hier braucht es immer ein Team, das, möglichst komplementär in seinen Gaben und Fähigkeiten, den Raum öffnet, in dem sich die Teilnehmer zu einer Gemeinschaft entwickeln können, die gemeinsam betet und lernt. Es geht nie um die oder den Einzelnen, der seine Expertise einbringt, sondern immer darum, dass gemeinsam Wege gegangen werden können, bei denen Christus der eigentliche Leiter ist.

Jedes Modul hat in sich ein durchgängiges Design. Das beginnt mit der Einbettung der einzelnen Workshop-Teile in Liturgien, wie z. B das Bibelteilen, aber auch andere Formen sind möglich. Wichtig ist, dass, unabhängig von der jeweiligen Liturgie, alle Teilnehmer von Anfang an aktiv teilhaben können. Die Liturgien, besonders wenn es um das Bibelteilen geht, sind im Kurs so ausgewählt, dass die Schriftstellen bereits in das jeweilige Thema des einzelnen Workshops einführen und sich der Umgang mit der jeweiligen Schriftstelle dann durch den einzelnen Workshop zieht.

In den einführenden Überlegungen haben wir von einem mystagogischen Ansatz gesprochen. Dieser Ansatz zeigt sich im gesamten Prozessdesign, denn immer geht es um Erfahrung vor Reflexion. Jeder Workshop beginnt und endet mit einer Liturgie, darauf folgen aktivierende Phasen wie Partner- oder Kleingruppenarbeit usw. zum Thema und erst danach folgt der Vortrag (Input), der die Thematik des Workshops noch einmal aufgreift, erhellt und vertieft. Aber immer geht es darum, dass zunächst erfahrbar wird, was dann auf der kognitiven Ebene interpretiert und ergänzt wird.

Zusammenfassend ist unser Ziel, dass der Kirchenkurs, den wir hier vorlegen, als „Anleitung" für einen vielschichtigen Prozess gelesen – und durchgeführt! – wird, in dem das Zusammenspiel aus Schrift, Liturgie, Bewusstseinsbildung und Input Wege für einen gemeinsamen geistlichen Prozess öffnet, der eine Kirche der Beteiligung vor Ort wachsen lässt.

2. Teil
Der Kurs

In diesem zweiten Teil des Buches wird der Kurs in seinem Verlauf dargestellt. Der Ablauf der einzelnen Module ist nicht beliebig, sondern folgt der inneren Logik, die im ersten Teil beschrieben ist.

Jede Arbeitseinheit wird durch eine Wort-Liturgie gerahmt. Hierzu werden verschiedene Formen des Bibelteilens eingeführt. Ziel ist es, dass die Teilnehmer das Wort Gottes als Mitte ihres Lebens entdecken können und im Austausch über das Wort des Evangeliums eine Erfahrung des gegenwärtigen Christus machen können.

Entsprechende Arbeitsmaterialien für das durchführende Team sind am Ende des Buches zusammengeführt. Der Kurs ist auf einen Zeitraum von drei Tagen angelegt.

1. Lokale Kirchenentwicklung – Der geistliche Grundton

Der erste Teil dieses Kurses hat spirituellen Charakter und dient der Vergewisserung. Im intensiven Umgang mit einer Schriftstelle geht es um das Hören auf Gottes Wort und eine Vergegenwärtigung des Wortes in der persönlichen Situation wie in der kirchlichen Situation, aus der die Teilnehmer kommen. Es geht darum, sich auf eine neue Weise des Sehens einzulassen, um den Blick für die Gestaltungsmöglichkeiten der Zukunft zu öffnen.

Der biblische Rahmentext für diesen Teil ist **Johannes 6,1–15**[1]

---

1 Dieser Teil folgt in seinem Design dem ersten Tag des Einführungskurses von Bukal ng Tipan, Philippinen.

A. Eingangsliturgie: Prozession des Wortes

Der Raum des Kurses ist so gestaltet, dass in der Mitte eines Stuhlkreises oder eines „U" ein Vorlesepult und eine Kerze aufgestellt sind. Der Beginn des Workshops wird markiert durch das Hineintragen des Evangeliars. Dabei wird ein Lied gesungen. Zugleich tritt eine weitere Person heran, die die Kerze neben dem abgelegten Evangeliar entzündet. Dann wird die Schriftstelle des Tages verkündet.

B. „Schriftauslegung"

Bei dieser Form der „Schriftauslegung" geht es darum, dass die Worte der Schrift nicht nur „mit den Ohren" gehört werden, sondern dass Gott uns auf unserem Weg begleitet und zu uns spricht. Dieses „Einen-Weg-gehen" soll konkret erfahrbar werden, indem die Teilnehmer sich tatsächlich im Raum bewegen und so die Worte, die konkret ausgelegt werden, nicht nur hören, sondern sie „durchwandern" und lesen und so mit ihnen in ihrem Herzen in einen Dialog eintreten können. Anschließend sollen die Teilnehmer in einen Austausch untereinander kommen.

Verlauf
- Alle Teilnehmer sitzen in einem großen Kreis oder ähnlich – sie haben **keine** Bibel in der Hand.
- Zwei Kursleiter führen durch dieses Bibelteilen.
- Es folgt ein erstes lautes Verkünden der Schriftstelle durch einen der Kursleiter.
- Danach wird die Schriftstelle von dem anderen Kursleiter noch einmal verkündet.
- Während des zweiten Lesens legt der erste Kursleiter DIN A4 Blätter mit den einzelnen Versen im Raum aus – immer analog zu dem, was gerade gelesen wird.
- Die Teilnehmer werden anschließend eingeladen, die biblische Geschichte Schritt für Schritt zu durchwandern; sie können an einer beliebigen Stelle anfangen.

- Dabei lassen sie sich durch die einzelnen Verse ansprechen (je nach Größe der Gruppe muss dafür genügend Zeit gegeben werden, so dass alle jeden Vers „erwandern" können.)
- Im Hintergrund nach Möglichkeit meditative Musik.
- Wenn die Musik aufhört, gehen die Teilnehmer zu dem Wort oder dem Vers, der sie am stärksten berührt hat.
- Es folgt Austausch in Kleingruppen. Dabei kommen diejenigen zusammen, die beim selben Wort stehen oder die am nächsten zueinander stehen.
- Danach spricht jede und jeder Einzelne das Wort, das ihn/sie getroffen hat, laut aus.
- Nach etwa 3 oder 4 Äußerungen, singt die ganze Gruppe einen Liedruf (Taizé etc).
- Am Ende folgt ein freies Gebet (Kursleiter oder Teilnehmer).

Alternativ:
- Jeder hat eine Bibel, ein leeres DIN A4 Blatt und einen Moderationsstift bei sich;
- Die Schriftstelle wird einmal vorgelesen.
- Alle gehen in der Stille der Schriftstelle nach und schreiben das Wort/den Satz, der sie berührt hat, auf das DIN A4 Blatt.
- Die Schriftstelle wird noch einmal sehr langsam laut vorgelesen; die Teilnehmer legen das Blatt mit ihrem Wort aus, wenn der jeweilige Vers verkündet wird.
- Die jeweiligen Verse/Versteile sollen in Abständen so als Weg ausgelegt werden, dass die Textfolge erhalten bleibt und damit der Text nachher durchwandert werden kann.
- Bei meditativer Musik durchwandern die Teilnehmer die ausgelegten Schriftstellen und bleiben dann, wenn die Musik aufhört, bei der Stelle stehen, die sie jetzt berührt (das muss nicht die Stelle sein, die einen anfangs angesprochen hat).
- Es folgt Austausch in Kleingruppen (diejenigen, die beim selben Wort stehen oder die einander am nächsten stehen.)
- Jeder und jeder Einzelne spricht das Wort, das ihn/sie getroffen hat, laut aus.
- Am Ende folgt ein freies Gebet (Kursleiter oder Teilnehmer).

C. Vergegenwärtigung der Szene (Joh 6,1–4)

Es geht hier um eine Verheutigung und Vergegenwärtigung der biblischen Szene, damit die Teilnehmer noch weiter in das Geschehen eintreten können.

Dazu werden hier zwei Alternativen angeboten

- Beim Echo-Lesen wird an die Tradition des Geschichtenerzählens angeknüpft, sodass die Teilnehmer die Chance haben, sich in die Szene hineinversetzen zu können. Dies geschieht zunächst im Blick auf die Jünger, danach im Blick auf die große Menschenmenge.
- Bei der Arbeit mit biblischen Erzählfiguren ist darauf zu achten, dass das Team sehr sensibel die einzelnen Schritte durchführt.

Verlauf 1:

- Zwei Teilnehmer setzen sich zusammen;
- Sie flüstern sich die Verse 1–4 gegenseitig ins Ohr, einer beginnt, der andere hört zu, ohne dabei mitzulesen. Danach wird abgewechselt.
- Der Kursleiter vertieft die Situation in einem Plenumsgespräch mit Fragen wie:
  - *Wie empfanden Sie diese Art der Schriftlesung, was ruft das bei Ihnen hervor?*
  - *Wer ist alles vor Ort? Die Jünger? Welche anderen Leute?*
  - *Was wissen wir über die Jünger, welche Art von Menschen waren sie?*
  - *Welche Leute mögen noch dabei gewesen sein?*
  - *Aus welchen Gründen mögen sie Jesus gefolgt sein?*

Verlauf 2 (alternativ):

- Biblische Erzählfiguren werden vorbereitet – die Szene wird in der Mitte des Raumes gestaltet (Jesus und um ihn herum in Abständen die Jünger), die Teilnehmer sitzen im Kreis um diese Mitte.

- Die Teilnehmer werden eingeladen, eine dieser Figuren auszuwählen und zu sich an den Platz zu nehmen (Jünger oder Menschen aus der Menge).
- Die Gestalt der biblischen Erzählfigur wird „personifiziert". Sie dient der Identifikation – sie soll zeigen, was der Teilnehmer in diesem Augenblick empfindet. Dann positioniert er sie vor sich.
- Danach „interviewt" der Kursleiter einige Erzählfiguren. Dabei sollen die Figuren angesprochen werden – mit dem Teilnehmer soll **kein** Blickkontakt gesucht werden.
- Fragen wie diese können gestellt werden: *Wer bist du – Warum bist du heute gerade hier an diesem Ort? Was bewegt dich heute an Jesus?*
- Dabei lässt sich der Kursleiter auf den entstehenden Dialog ein.
- In einem zweiten Schritt erzählen alle übrigen „Figuren", wer sie sind, was sie bewegt und warum sie an diesem Ort sind, etc.
- Danach gehen alle Teilnehmer noch einmal um das aus den Figuren entstandene Bild herum, betrachten die einzelnen Figuren, erinnern sich, was gesagt wurde und beten in Stille für den jeweiligen Teilnehmer. Im Hintergrund ist meditative Musik.

D. Woher kommen wir und wohin gehen wir?

Der Kursleiter führt ein:
Die Schriftstelle Johannes 6,1–4 spricht zu uns von Übergängen: Jesus hat Jerusalem verlassen und den See von Tiberias überquert. Er hat die Menge verlassen und ist auf einen Berg gestiegen.
Übergänge sind auch für uns wichtig. Wir kommen aus ... und sind jetzt hier in ... als Team von ...
In unserem Leben sind wir ständig mit solchen Übergängen beschäftigt, wir sind ständig herausgefordert, Brücken zu schlagen, z. B. auch in unserem Sprechen. Wenn wir von „Kir-

che" sprechen, benutzen wir Wörter wie Gottesdienst, Spiritualität, Kommunion ...

Wenn wir von unserem Alltag sprechen benutzen wir Wörter wie Kinder, Job, Fernsehen ...

Manchmal ist der Unterschied enorm, z. B. wenn wir an die Sprache von Jugendlichen denken. Wir sind also aufgerufen, Experten der Übergänge zu werden, Über-setzer zu werden.

Verlauf:
- Der Kursleiter lädt die Teilnehmer ein, den Raum zu durchqueren.
- Sie suchen einen anderen Teilnehmer aus, den sie noch nicht so gut kennen oder mit dem sie noch nicht gesprochen haben.
- Sie tauschen sich darüber aus, aus welcher Situation sie kommen, was sie als Herausforderung sehen und wohin sie gelangen wollen.
- Kurze Feedbacks im Plenum.

E. Grenzen, Hindernisse und Möglichkeiten – Johannnes 6,5–9

In diesem Teil des Workshops soll am Beispiel der Haltungen der Jünger in dieser Schriftstelle deutlich werden, wie die Sicht, die wir auf Menschen oder Situationen haben, zum Stillstand führen oder Wachstum ermöglichen kann.

Verlauf:
- 2 Stühle werden in der Mitte des Kreises aufgestellt.
- Die Teilnehmer lesen die Verse 5–9 mit verteilten Rollen (Jesus, Philippus, Andreas, Erzähler).
- Am Beispiel von Andreas und Philippus wird gezeigt, wie sich deren Einstellung auf den Fortgang der Ereignisse auswirkt: Philippus, der nur die Hindernisse sieht und Andreas, der den kleinen Jungen ins Spiel bringt und so den Raum eröffnet für das Wunder.

- Die Teilnehmer werden aufgefordert, die Haltung von Philippus zu beschreiben.
- Der Kursleiter setzt sich derweil auf einen der beiden Stühle, hört zu, wie die Teilnehmer den Philippus beschreiben und platziert danach auf dem Stuhl ein Plakat, auf dem steht: „Hindernisse, Grenzen".
- Danach beschreiben die Teilnehmer die Haltung von Andreas.
- Der Kursleiter setzt sich derweil auf den anderen Stuhl. Verlauf wie oben beschrieben. Am Ende platziert er dann auf dem 2. Stuhl ein Plakat mit der Aufschrift „Möglichkeiten".

E.1 – Wer bin ich? Eine kleine Typenkunde

Dieser erste Teilschritt soll am Beispiel von Andreas und Philippus ermöglichen, dass die Teilnehmer sich selbst besser einschätzen lernen – das gilt ganz unabhängig von dem Workshop. Es geht um eine Selbsteinschätzung, die grundsätzlich wichtig ist, nicht nur im Blick auf kirchliche Situationen.

Verlauf:
- Die Teilnehmer überlegen in Stille, welchem Typ sie im Hinblick auf Philippus und Andreas eher gleichen.
- Danach tauschen sie sich darüber zu zweit aus.
- Der Kursleiter lädt zu Feedback im Plenum ein.

E.2 – Wahrnehmen der kirchlichen Situation aus der Perspektive von Philippus und Andreas

Nun geht es darum, die Kirchenerfahrungen der Teilnehmer und ihre Deutung ins Gespräch zu bringen, um so zu entdecken, dass Hindernisse, die uns begegnen, auch Möglichkeiten und Chancen in sich bergen können.

In dieser Arbeitseinheit sollen sich die Teilnehmer in ihren Herkunftsteams zusammenfinden.

Verlauf:

- Frage des Kursleiters an die Teilnehmer: *Was haben Sie in ihren bisherigen Erfahrungen im Blick auf die Kirche als Grenze, Hindernis erfahren, wo haben sie Möglichkeiten entdeckt und sie nutzen können?*
- Nach einer kurzen Zeit der Stille tauschen sich die Teilnehmer in ihren Teams aus.
- Die Gruppen erhalten je drei Moderationskarten für Grenzen (rot) und Möglichkeiten (gelb).
- Die teilnehmenden Teams heften die Karten der Reihe nach an zwei Moderationswände (zuerst die Hindernisse, dann die Möglichkeiten).
- Die Kursleiter versuchen anschließend mit dem Plenum eine erste Sortierung.
- Austausch im Plenum über die Wahrnehmungen auf den Moderationswänden – und wie sie zu deuten sein könnten.

E.3 – Input über die Kunst des geistlichen Sehens

Nach diesen Arbeitsschritten wird nun in einem Input ein neuer Blick auf die Kirche in Deutschland geworfen. Er versucht, inmitten der Umbrüche Gottes Handeln an seinem Volk zu sehen – und dieses Sehen hängt von der Perspektive ab, die man einnimmt.

Ziel ist es, dass die Teilnehmer sich mit dieser Perspektive auseinandersetzen und in ein gemeinsames Gespräch kommen.

Der Input zielt darauf ab, dass die Teilnehmer sich in die Kunst einüben, die Geschichte und die Erfahrungen der Kirche (und der Gesellschaft) geistlich zu sehen und als Handeln Gottes in der Geschichte zu deuten.

Sehen, was ist...

Folie 1

Folie 1:
Darum geht es immer: wie sehen wir die Wirklichkeit. Das Bild ist uns vielleicht bekannt. Ein Vexierbild: Entweder man sieht eine junge oder eine alte Frau. So ähnlich kann es uns beim Hinschauen auf die Situation der Kirche gehen: Manchmal sehen wir nur das Alte, Hinfällige – und das ist wahr. Zugleich sehen wir aber vielleicht nicht das Neue, das aufbricht. Beides aber existiert im Zugleich, es bleibt natürlich auch ambivalent, und es hängt wesentlich davon ab, wie wir hinschauen und auf welchem Horizont wir etwas beurteilen.

✝ Ein neuer (theologisch – ekklesialer) Blick mit Psalm 23

Der Herr ist mein Hirte
  nichts wird mir fehlen („mangeln")

Er läßt mich lagern auf grünen Auen
  und führt mich zum Ruheplatz am Wasser.

Er stillt mein Verlangen,
  er leitet mich auf rechten Pfaden, treu seinem Namen

Muss ich auch wandern in finsterer Schlucht
  ich fürchte kein Unheil;

Denn du bist bei mir,
  dein Stock und dein Stab geben mir Zuversicht.

Folie 2

Folie 2:

„Der Herr ist mein Hirte, nichts wird mir mangeln". Der vielleicht bekannteste Psalm hat vielen Menschen Trost und Perspektive gegeben. Aber wie wäre es, diesen Psalm als Gebet der Kirche zu lesen? Dadurch gewänne dieser Psalm auch eine provokative Dimension. Er bedeutet dann ja, dass sich die Kirche keine Sorge um ihren Weg machen muss. Sie wird ja geführt, auch durch „finstere Täler". Die Kirche erlebt sich als geborgen auf den Wegen Gottes. Dahinter steht eine theologische Begründung: Gott ist der Herr der Geschichte, und der Herr der Geschichte der Kirche. Er führt sein Volk durch die Zeiten, er führt sein Volk zum Heil.

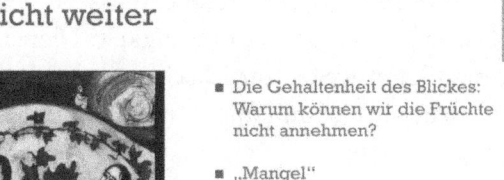

Das Jordan Dilemma: Lieber zurück...
aber nicht weiter

- Die Gehaltenheit des Blickes: Warum können wir die Früchte nicht annehmen?

- „Mangel"

- „noch"

- Die Perspektive: die Kirche geht unter

- Schuldzuweisungen: der Blick nach innen...

Folie 3

Folie 3:

Die Geschichte vom Jordan ist eine schöne Illustration: Gott hat sein Volk aus Ägypten befreit, ja es bildet sich eigentlich erst durch diesen Weg der Befreiung. Aber wer das Buch Exodus oder auch das Buch Numeri liest, dem fällt auf, dass das Volk immer wieder murrt. Es schaut verklärt auf die Fleischtöpfe Ägyptens zurück, selbst dann, wenn Manna, Wachteln und Wasser jeden Tag von Gott zur Verfügung gestellt werden. Und dann kommt es zum Showdown. Das Volk Gottes ist am Jordan angekommen, Kundschafter sind ausgeschickt worden und kehren, beladen mit großen Früchten (siehe Bild), zurück. Das Volk ist begeistert, bis einer der Kundschafter anmerkt: „Es wird schwierig werden – in dem verheißenen Land sind schon welche ..." An dieser Stelle greift erneut die Dynamik des Murrens: „Wir haben es ja schon immer gewusst, wir werden alle sterben"; „Wären wir doch nie losgegangen"; „Die Verheißungen Gottes zählen ja doch nicht"; „Lasst uns in der Wüste sterben gehen" – usw. An diesem Punkt gerät Gott in Wut. Er möchte mit einem neuen Volk anfangen, aber Mose weist auf den bleibenden Imageschaden hin: „Wenn du es mit uns nicht schaffst, dann werden die anderen Völker sagen: Was ist das denn für ein Gott?". Vor diesem Hintergrund beschließt Gott, dass sein Volk noch weitere 40 Jahre wandern (und dabei sterben) muss. Gott wählt eine demographische Lösung der Barmherzigkeit: Niemand muss sich ändern, man kann weiter zurückschauen auf eine (vergoldete) Vergangenheit, aber dann kann man eben nicht das Land der Verheißung betreten.

Genau das gilt ja vielleicht auch für uns. Wir reden vom Mangel, und halten also eine bestimmte Vergangenheit für normativ und richtig: Eine bestimmte Zahl von Priestern, von Gläubigen, eine bestimmte Art von Kirche – und auf dieser Basis bewerten wir das Jetzt. Das gilt auch, wenn wir vom „noch" reden. Auch dann vergleichen wir mit der Vergangenheit – und geben eine Prophezeiung über die Zukunft ab: Es wird immer weniger werden. Vor diesem Hintergrund lassen sich wohlfeile Untergangsszenarien der Kirche zeichnen – und genau das ist ja in den vergangenen Jahren auch geschehen: Dann beginnen die Schuldzuweisungen: das II. Vatikanum, die Päpste, die Priester – oder umgekehrt: Weil das II. Vatikanum nicht umgesetzt wurde, etc.

Wenn man sich dies vor Augen hält, ist es verstehbar, wenn man die Früchte nicht erkennen kann: Der Blick ist gehalten.

+ **Gott führt die Kirche in eine epochale Umkehr**

„Doch denkt nicht mehr an das, was
früher geschah, schaut nicht mehr auf
das,
was längst vergangen ist! Seht, ich
schaffe Neues;
Schon sprosst es auf. Merkt ihr es nicht?

Folie 4

Folie 4:
Deswegen spricht das Zitat aus dem Buch Jesaja so an. Im Vorfeld dieses Textauschnittes spricht Gott über sein Handeln in der Vergangenheit. Er hat das Volk aus Ägypten geführt, es zu einem starken Volk gemacht. Jetzt ist es wieder in der Krise. Aber Gott möchte nicht, dass es nur in der Vergangenheit Gottes Handeln bedenkt. So sehr dies Ursprung ist, so sehr geht es darum, dass das Volk Gottes im Jetzt lebt. Vier Aspekte sind in diesem kurzen Prophetenwort wichtig:
– Umkehr des Blicks: Manchmal denken wir, wir könnten ohne „Metanoia", ohne Umkehr des Denkens in die Zukunft gehen. Hier fordert Gott zu einer tiefen Umkehr auf, die den Blick auf die Gegenwart und das gegenwärtige Handeln Gottes richtet.
– Achtsamkeit für das Neue: Wir machen das Neue nicht („Es gibt nichts Neues unter der Sonne", Koh 1,9), Gott ist es, der das Neue macht. Es ist überraschend – aber auch entlastend, dass er es tut.
– Das Aufsprossen: Natürlich kann man übersehen, wenn etwas erst ganz klein ist und am Anfang steht ... aber es ist

schon „Frühling", und es gilt, auf die kleinen Dinge zu achten, die schon auf die Zukunft weisen

– „Merkt ihr es nicht": Gott erneuert sein Volk, geht mit seinem Volk neue Wege – aber dies ist nicht abhängig davon, ob wir es merken. Für uns wäre es besser, wenn wir es merken würden ...

+ Zeichen der Zeit

■ „Zur Erfüllung dieses ihres Auftrags obliegt der Kirche allzeit die Pflicht, nach den Zeichen der Zeit zu forschen und sie im Licht des Evangeliums zu deuten. So kann sie dann in einer jeweils einer Generation angemessenen Weise auf die bleibenden Fragen der Menschen nach dem Sinn des gegenwärtigen und des zukünftigen Lebens und nach dem Verhältnis beider zueinander Antwort geben. Es gilt also, die Welt, in der wir leben, ihre Erwartungen, Bestrebungen und ihren oft dramatischen Charakter zu erfassen und zu verstehen. So kann man schon von einer wirklichen sozialen und kulturellen Umgestaltung sprechen, die sich auch auf das religiöse Leben auswirkt. Wie es bei jeder Wachstumskrise geschieht, bringt auch diese Umgestaltung nicht geringe Schwierigkeiten mit sich"

Folie 5

+ Lernen von den Zeitgenossen...

■ „Im Glauben daran, dass es vom Geist des Herrn geführt wird, der den Erdkreis erfüllt, bemüht sich das Volk Gottes, in den Ereignissen, Bedürfnissen und Wünschen, die es zusammen mit den übrigen Menschen unserer Zeit teilt, zu unterscheiden, was darin wahre Zeichen der Gegenwart oder der Absicht Gottes sind (GS 11)

Folie 6

Folie 5/6

Die beiden Zitate aus Gaudium et Spes machen deutlich, dass das Konzil eine ähnlich Perspektive einnimmt:

– Klar ist, dass in jeder Zeit neu nach den Zeichen der Zeit geforscht werden muss und ein Unterscheidungsprozess durch das Evangelium stattfindet.

– Das Konzil sieht, dass die Verkündigung in jeder Generation neu gestaltet werden muss.

– Das Konzil versteht – theologisch aus dem Paschamysterium heraus („Das Weizenkorn muss sterben") die verwirrenden Zeitläufte als Wachstumskrise.

– Und es regt einen geistlichen Unterscheidungsprozess an, bei dem sich die Christen als Zeitgenossen Aller in einen Unterscheidungsprozess begeben.

+ ## Sehen lernen

- „Reiche Gnade ruhten auf ihnen allen":Vom hervorbringenden Blick

- Vertrauen in den Geist Gottes, der die Erde erneuert

- „Wachstumskrise" :Wachsen als spirituelle Kategorie

- Unterscheidungsgemeinschaft

- Mixed economy: die Apostel und die Engländer und die Fruchtbarkeit

---

Folie 7

Folie 7

So kann man die „Kunst des Sehens" zusammenfassen: Die Apostelgeschichte benennt kurz die erste Gemeinde als eine Gemeinschaft, auf der reiche Gnade ruht. Könnte man nicht eine Weise des Sehens einüben, bei der man grundsätzlich das

Wirken der Gnade sieht – und damit darauf vertraut, dass es der Geist Gottes ist, der das Angesicht der Erde erneuert und so auch unsere Zeit? Wir sind in einer dramatischen Wachstumskrise, wie GS 4 sagt, und wir sind eingeladen, eine Unterscheidungsgemeinschaft zu sein, in der deutlich wird, wie Gott seine Kirche erneuert. Apg 15 ist ein schöner Hinweis für diese Praxis: Die Apostel nehmen wahr, dass Gott auch die Heiden beruft in sein Volk, aus der Erfahrung, aus der Schrift – und so eröffnen sie den Weg in eine „mixed economy": Sie öffnen sich für sein Handeln, und überlassen es Gott, wie er das Ganze weiterführt.

Nach der Präsentation folgen Diskussion und Rückfragen im Plenum.

E.4 – Liturgie der verheißenen Möglichkeiten

Diese Liturgie beendet die erste Arbeitseinheit und soll den geistigen Blick auf unsere kirchliche Situation lenken. Was wir gesehen haben, persönlich oder auch im kirchlichen Kontext, bringen wir vor Gott und bitten darum, dass er unsere „5 Brote und zwei Fische" vermehren möge.

Der Ablauf der Liturgie (Gesänge sollen eigens ausgesucht werden) gestaltet sich folgendermaßen:

- Vorbereitet werden müssen Fische und Brote aus Pappe oder festerem Papier.
- Die Schriftstelle wird als ganze noch einmal vorgelesen (Joh 6,1–15).
- Eine kurze Stille wird gehalten.
- In der Stille überlegen die Teilnehmer, um was sie Gott bitten wollen, dass er es in ihnen vermehre. Das schreiben sie auf „Fische" oder „Brote".
- Nun sprechen die Teilnehmer in Form einer Fürbitte aus, was sie aufgeschrieben haben und legen die „Brote" und „Fische" – je nach Ort (Kapelle oder Tagungssaal) – um den Altar oder um die Schrift (wichtig ist der Hinweis durch die Kursleiter: Es gibt natürlich an keiner Stelle ein „Muss" für

das Laut-Aussprechen, das kann auch schweigend geschehen).

- Nach einigen Teilnehmer kann jeweils ein Bittvers gesungen werden.
- Am Ende steht ein Schlussgebet und ein gemeinsamer Segen aller über „Brote" und „Fische".

F. Feier der Versöhnung

Der Abend dieses ersten Tages schließt mit einer Versöhnungsfeier.

Ein Prozess der Kirchenentwicklung ist immer auch ein Umkehrprozess. Viele Erfahrungen – persönlich wie kirchlich – können lähmen und den Blick auf die Möglichkeiten verstellen. Zerbrochene oder gestörte Beziehungen können Entwicklungen unmöglich machen und damit einen neuen Aufbruch verhindern.

Wo diese Zerbrochenheit oder Lähmung nicht gesehen und angenommen wird, wird ein Weitergehen auf diesem Weg kaum möglich sein.

Daher braucht es Versöhnung mit Gott und untereinander. Sie wird hier ausdrücklich nicht im Kontext des Sakraments der Versöhnung gefeiert, weil das – aller Erfahrung nach – auch nicht immer möglich ist. Gleichwohl ist diese Feier durchwoben von der Gewissheit der Barmherzigkeit Gottes und damit ein durchaus sakramentales Geschehen.

Verlauf:
- Ein geeigneter Raum für die hier zu feiernde Liturgie muss gesucht werden. Am besten nutzt man eine Kapelle oder eine Kirche, die einen Freiraum besitzt (Altarraum, Apsis, leergeräumtes Schiff). Dort werden vier Stationen mit je zwei Stühlen aufgebaut.
  - Zwei Stühle, die Rücken an Rücken gestellt sind
  - Zwei Stühle, von denen einer umgekippt ist
  - Zwei Stühle, die ineinander verkantet sind
  - Zwei Stühle, von denen einer über dem anderen steht.

- Vorbereitet werden muss auch eine meditative Hintergrundmusik.
- Nach einem Eingangslied betet der Vorsteher ein Eingangsgebet mit der Bitte um den Geist der Versöhnung.
- Dann wird das Evangelium vom Verlorenen Sohn (Lk 15) verkündet.
- Anschließend führt der Leiter in die Liturgie ein: *Vor dem Hintergrund dieser Schriftstelle geht es darum, sich der eigenen Geschichte und ihren zerbrochenen Beziehungen zu stellen. Sünde ist ja der Raum, der nicht frei ist für Gott, sondern besetzt ist von vielen Geschichten, auch von zerbrochenen Beziehungen. In dieser Feier soll es darum gehen, sich dieser eigenen Geschichte zu stellen und zugleich die Zusage der unendlichen Barmherzigkeit Gottes zu bekommen.*
- Mit dem Leiter zusammen gehen die Teilnehmenden von Station zu Station. Dort können in die Stille hinein Assoziationen zu der jeweiligen Anordnung der Stühle geäußert werden. Nach dem gemeinsamen Weg durch die vier Stationen bleibt nun Zeit für die Teilnehmenden, die einzelnen Stationen persönlich zu besuchen, sich Zeit zu nehmen, die eigene Geschichte der Zerbrochenheit und der Heilsbedürftigkeit zu entdecken. Die Teilnehmenden sollen sich an den Ort setzen, der sie am meisten bewegt.
- Im Hintergrund spielt meditative Musik. Nach etwa 20 Minuten wird es still. Das Evangelium wird noch einmal verkündet. Der Vorsteher kommentiert kurz und rückt die erneute Begegnung des jüngeren Sohnes mit dem Vater in den Vordergrund (bedingungslose Umarmung des Vaters, Freude über die Umkehr des Sohnes, ohne von ihm detaillierte Rechenschaft über die Vergangenheit zu verlangen.)
- Danach geht der Leiter der Liturgie zu den Einzelnen, richtet sie auf, legt ihnen die Hände auf und spricht ihnen zu, dass Gottes Barmherzigkeit unendlich ist: *Unser Herr Jesus Christus ist für alle Zerbrochenheit dieser Welt gestorben und hat so auch deine Zerbrochenheit angenommen. Er*

möchte dir Freiheit und Versöhnung schenken. Er vergibt dir von Herzen und schenkt dir seinen Geist, damit du deinen Weg in Freiheit und Liebe gehen kannst. Danach schenkt er ihm die Umarmung des Friedens.

- Am Ende wird der letzte Abschnitt des Evangeliums vom gemeinsamen Fest gelesen. Und am besten findet im Anschluss noch ein gemeinsames kleines Fest statt.

2. Kirchenentwicklung wahrnehmen und verstehen – Grundperspektive und Vision

Der zentrale Inhalt des Kirchenkurses ist die Auseinandersetzung mit den Phasen kirchlicher Entwicklung, wie sie in den „Kirchenbildern" zum Ausdruck kommen. Es geht nicht primär um die Diskussion der eigenen Erfahrung mit der Kirche, sondern um die Wahrnehmung eines exemplarischen und zugleich typischen Entwicklungsweges, in dem sich natürlich die eigenen Erfahrungen spiegeln.

Die Teilnehmer sollen in den Bildern Schritte einer Entwicklung auf dem Weg zu einer Kirche der Beteiligung entdecken. Ihnen soll deutlich werden, dass es nicht um eine bewertende und auch nicht um eine chronologische Entwicklung geht, sondern um eine Betrachtung eines Wachstumsprozesses mit seinen Möglichkeiten und Grenzen. Dabei sollen die Teilnehmer entdecken, dass diese verschiedenen Entwicklungsphasen sich oft zugleich an einem konkreten Ort vorfinden lassen. So sollen sie ein Gespür dafür entwickeln, dass Krisen und Übergangssituationen in jeder Phase als Chance begriffen werden können für den nächsten möglichen oder notwendigen Entwicklungsschritt. Sie sollen die Ambivalenz eines jeden Übergangs entdecken: seine Kosten und seinen Gewinn – und lernen, dass deswegen Übergangsprozesse lange dauern, Widerstand erzeugen und deshalb krisenhafte Situation für einen Umbruch normal sind.

In der Beschäftigung mit den Entwicklungsphasen des Kircheseins sollen sie Grundhaltungen entdecken, die für die jeweilige Kirchenwirklichkeit kennzeichnend sind, und erfahren, wie Übergänge von einer Phase zur nächsten Phase gestaltet werden können.

Dabei soll auch geklärt werden, welche Kriterien und Merkmale einen Ort des Kircheseins kennzeichnen. Am Ende des Entwicklungsweges entdecken die Teilnehmer modellhaft die Vision einer dezentralen Kirche der Beteiligung in ihren Grundhaltungen und ihrer Grundgestalt.

Die Liturgien dieses Tages greifen diesen Erkenntnisweg auf und vertiefen ihn.

A. Sich spiegeln im Wort – eine Liturgie

Die Schriftstelle Apg 2,37–47 führt in die Thematik ein. Eine Anleitung zu den verschiedenen Formen des Bibelteilens findet sich im Anhang des Buches.

B. Phasen der Kirchenentwicklung

In einer kurzen Einleitung nimmt der Kursleiter auf, was schon als Grundperspektive der Arbeit mit den Kirchenbildern beschrieben wurde:

- *Es geht nicht zuerst um einen geschichtlichen Weg (Stichwort alt – neu) und auch nicht um einen bewertenden Weg (Stichwort schlechter – besser), sondern um Entwicklungsschritte, die in jeder Zeit jeweils neu geschehen.*
- *Die Phasen folgen als Wachstumsprozess aufeinander, und dennoch können verschiedene Phasen an einem konkreten Ort gleichzeitig nebeneinander existieren.*
- *Die Phasen folgen aber einer inneren Entwicklungslinie, die mit dem Evangelium und seinen Verheißungen zusammenhängt – eine innere Dynamik hin zum Reich Gottes, zur Kirche der Teilhabe und ihrem Dienst am Reich Gottes.*
- *Das Bild vom Volk Gottes auf dem Weg zur größeren Reife kann man vergleichen mit Heranwachsen und Erwachsen-*

werden eines Menschen von seiner Kindheit (Phase 1) hin zu seiner Mündigkeit (Phase 5).

Ziel der Auseinandersetzung ist nicht eine bestimmte Gestalt, sondern das Entdecken von Grundhaltungen und Beziehungsverhältnissen. Entsprechend diesen Zielen ist der Stil der Arbeit dialogisch. Er setzt aber bei den Kursleitern voraus, dass sie die innere Logik und innere Ziel der Entwicklungsschritte kennen und sich zu eigen gemacht haben.

Allgemeiner Verlaufsrahmen für alle fünf Bilder:
- Die Bilder werden Bild für Bild aufgehängt und diskutiert.
- Zuerst wird das Bild gezeigt und Zeit zum Betrachten gegeben.
- Dann tauschen sich die Teilnehmer über ihre ersten Eindrücke zum jeweiligen Bild in Kleingruppen aus (3–5 Personen), ohne dass hier schon Fragen im Plenum gestellt werden.
- Danach fokussieren die Kursleiter für **jedes Bild** unterschiedliche Aspekte der jeweiligen Kirchengestalt mit folgenden Fragen:
  - *Was nehmen Sie in diesem Bild wahr?*
  - *Was fällt Ihnen an diesem Bild besonders auf?*
  - *Wer setzt die Handlungsimpulse?*
  - *Was ist die Rolle des Leiters?*
  - *Wie gestalten sich hier die Beziehungen unter den verschiedenen Personen?*
  - *Wie verhalten sich die Leiter? Die Leute?*
  - *Wie gestaltet sich hier Partizipation?*
- Die verschiedenen Meinungen im Plenumsgespräch dürfen nicht vorschnell kritisiert werden.
- **Aber** der Kursleiter sollte das Gespräch so leiten, dass am Ende deutlich wird:
  - Es geht darum, in jeder Phase die Chancen und Möglichkeiten eines Wachstumsschrittes zu entdecken.
  - Es soll deutlich werden, dass es nicht um eine bestimmte Kirchengestalt aus Vergangenheit oder Zukunft geht, sondern um die Haltungen und ihre Weiterentwicklung.

Merkmale einer Versorgungskirche

- Der Priester steht in der Mitte: Einerseits wird damit die Eucharistie/der Altar als zentrale Mitte betont, andererseits der Priester überhöht (er ist größer gezeichnet als alle anderen) – und alles auf den Priester zentriert.
- Im Umkehrschluss: Wer keine Beziehung zum Priester hat, hat auch keine Beziehung zur Kirche.

- Man kann hier von einer priesterzentrierten Kirche sprechen – aber die Person des Priesters kann hier durchaus auch ausgetauscht werden, etwa durch einen hauptamtlichen Mitarbeiter oder ein Mitglied des Pfarrgemeinderats.
- Hauptmerkmal für dieses Kirchenbild ist das „Versorgt werden" – eine Konsequenz ist oft die Überforderung der „Versorger" und die Mentalität und die Fixierung der Versorgten auf ihre Versorgung und ein entsprechendes Anspruchsdenken.
- Der Zugang zur Kirche ist hier eindeutig institutionell, egal, ob es aus der Perspektive eines hierarchischen Denkens geschieht, oder – moderner – auf dem Horizont einer Dienstleistungsorganisation.

Möglicher Gesprächsverlauf nach dem gemeinsamen Zusammentragen der Beobachtungen durch das Plenum. Der Kursleiter fragt z. B.:
- *Was würde der Leiter dieser Kirche über seine Gemeinde sagen? Wie würde er sie beschreiben?*
- *Wie würden die Gemeindemitglieder ihre Gemeinde beschreiben? Was würden Sie über den Priester sagen?*
- *Welche Haltungen werden hier sichtbar?*
- *Welchen Namen könnte man dieser Gestalt der Kirche geben?*

Der gefundene Name wird auf Moderationskarten festgehalten und über das Bild gehängt (Kirche der Versorgung, o. ä.)
- *Wir haben von Versorgung gesprochen, und haben den Pfarrer im Blick gehabt, aber wer könnte sonst noch auf diesem Podest stehen und die Position einnehmen?*
- *Wir sprechen nicht über Personen und Positionen – sondern über Haltungen.*
- *Was bedeutet es, wenn jemand die Haltung des Versorgens hat, für den Versorger und für die Gemeinschaft? (Manchmal wird man auch in die Haltung hineingedrängt und erfüllt Erwartungen).*

- *Im Blick auf menschliche Entwicklung: Versorgung ist an sich nicht negativ, ist vielmehr in bestimmten Phasen schlicht notwendig: Welche Entwicklungsphasen im menschlichen Leben entsprechen dieser Wirklichkeit des Versorgens?*
- *Was ist die Zielperspektive von Versorgung?*

Weitere Perspektiven:
- Versorgung (z.B. eines Kindes) will zur Selbstständigkeit führen. Deswegen will die Versorgung an den Punkt kommen, dass jemand selbständiger wird, es bemerkt und er zu mehr Selbstständigkeit und Gleichberechtigung wachsen will.
- Versorgung am Ende des Lebens, damit ein jeder in Würde sterben kann – kein pastoraler Tropf: Hier geht es um eine andere Art des Wachstums (denn Sterben ist der Schritt in ein neues Leben).
- Eine Haltung des Versorgens zeigt auf jeden Fall, dass eine Beziehung da ist, die Aufbau von Kirche ermöglichen kann. Diese Art von Beziehung kann aber auch sehr stark eingrenzen und behindern, Wachstum wird dann nicht ermöglicht.

Schlussfrage zu Bild 1:
Wie wächst aus dieser Situation der Versorgung ein nächster Schritt? Wie könnte dies aussehen?

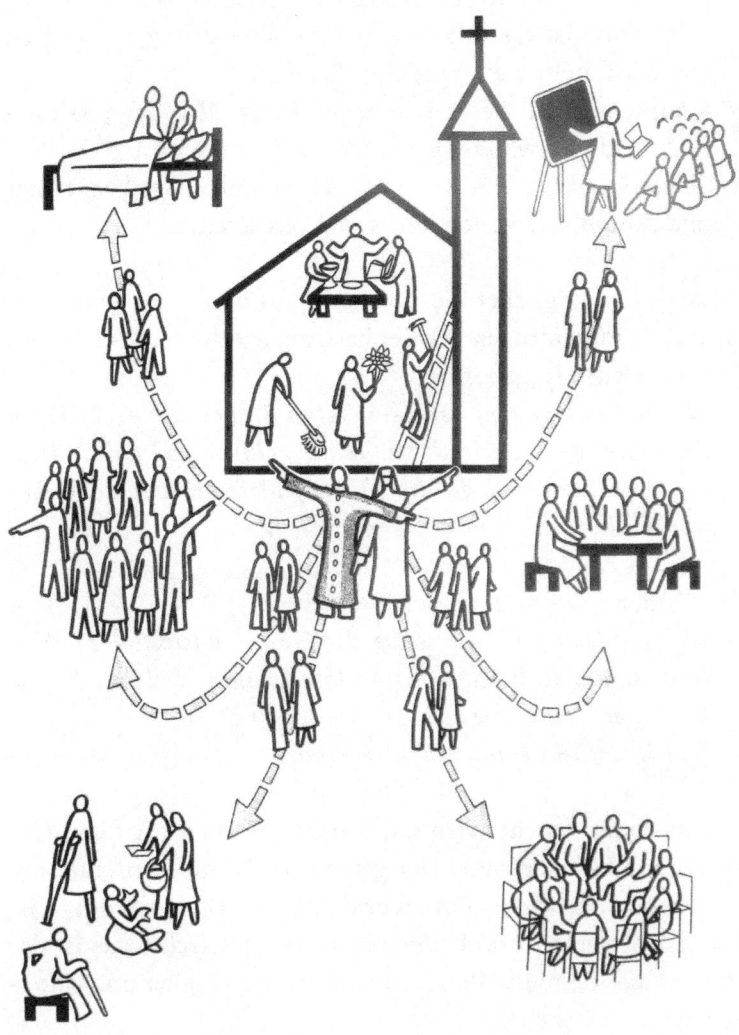

Merkmale der Kirche der Mithelfer und Unterstützer

- In der Mitte steht nun ein Team (Priester/hauptberufliche pastorale Mitarbeiter und Mitarbeiterinnen). Diese Personen sind zentral (groß gezeichnet) und alles geht von ihnen aus.
- In und auch außerhalb der Kirche gibt es viel Aktivität, aber die Aufgaben liegen eigentlich bei dem hauptamtlichen Team. Sie delegieren, was sie selber nicht mehr schaffen.

- Die Engagierten erledigen die Aufgaben, die ihnen übertragen werden. Die Rollen sind klar verteilt: Das hauptberufliche Team ist eigentlich zuständig, aber da, wo es eben zu viel wird, helfen die Ehrenamtlichen mit.
- Hauptmerkmal dieses Kirchenbildes ist also das „Mithelfen" – oder, etwas zeitgemäßer, das
- „Unterstützen". Da, wo es niemanden gibt, der beauftragt und sendet, wird auch nur wenig passieren.

Es folgt ein möglicher Gesprächsverlauf nach dem gemeinsamen Zusammentragen der Beobachtungen durch das Plenum. Der Kursleiter fragt z. B.:
– *Was hat sich gegenüber dem ersten Bild verändert? (Team der Leitenden, Gesandte in Teams, einseitige Pfeile, sozialer Dienst, Betrieb in der Kirche, viele verschiedene Aktionsfelder – „lebendige Gemeinde").*

Die Rollen müssen fokussiert werden:
– *Wer sendet wen? Wer setzt die Handlungsimpulse? Welches ist die Rolle des pastoralen Teams? Welches ist die Rolle der Leute, die sich senden lassen?*
– *Welche Haltungen werden sichtbar?*

Als nächster Schritt wird nach einem Namen für diese Gestalt der Kirche gefragt: Der gefundene Name wird auf Moderationskarten festgehalten und über das Bild gehängt (Kirche der Mithelfer und Unterstützer, o. ä.). Kirche, das ist der Pfarrer/das Team/der Pfarrgemeinderat plus Helfer und Unterstützer).

Die Antwort „Aktiv-Lebendige Gemeinde" stimmt zwar, aber fokussiert nicht hinreichend die Rollen, die hier eingenommen werden. Deswegen müsste man noch einmal nachfragen, sodass deutlich wird, dass der Ausgangspunkt für alle Aktivitäten immer bei den Verantwortlichen liegt, die konkret beauftragen (Es geht um das Mithelfen und die entsprechende Grundhaltung auch der Leitenden ...).

- *Wir haben von Mithelfen und Unterstützen gesprochen. Wie im ersten Kirchenbild haben wir aber gesehen, dass unterschiedliche Personen diese Rolle wahrnehmen können. Also sprechen wir auch hier nicht in erster Linie über Personen und Positionen, sondern über Haltungen. Was bedeutet es, wenn jemand die Haltung des Mithelfers hat, wenn er oder sie aktiv wird? Was bedeutet es, wenn jemand sein Engagement als Unterstützung für denjenigen ansieht, der ihn darum bittet, weil er es allein nicht mehr schafft?*
- *Auch das Mithelfen(wollen) ist eine Phase, die wir im Blick auf menschliche Entwicklung identifizieren können. Sie ist in sich nicht negativ, sondern ein Zeichen von wachsender Selbständigkeit. Welche Entwicklungsphasen im menschlichen Leben entsprechen dieser Wirklichkeit des Mithelfens?*
- *Aus der Sicht der Verantwortlichen (z. B. Eltern): Was ist die Zielperspektive, wenn jemand hilft?*
- *Welche Haltungen können impliziert sein, wenn wir das Wort „helfen" benutzen?*
- *Welche Stärken und welche Grenzen hat diese Haltung – um Hilfe bitten – Hilfe einfordern – Hilfe leisten?*

Wie bereits gesagt, eine Haltung des Helfens und Unterstützens ist in sich nicht negativ. Sie zeigt auf jeden Fall an, dass eine starke Identifikation mit dem Leben der Gemeinde da ist, die den Aufbau von Kirche fördern kann. Diese Art der Identifikation kann aber auch sehr stark eingrenzen, behindern, Wachstum verhindern, wenn die Leitenden nicht die Zielperspektive haben, Selbständigkeit und eigene Verantwortung zu fördern und zu ermöglichen.

Schlussfrage zu Bild 2:
Wie wächst aus dieser Situation des Mithelfens und Unterstützens ein nächster Schritt in eine größere Selbständigkeit und Eigenverantwortung? Wie könnte dieser Schritt aussehen?

Merkmale der Kirche, die in einer Krise ist / die erwacht

- Der Priester – und nicht nur er – fragt nach seiner Rolle.
- Es ist keine große Gemeinschaft erkennbar – außer darin, dass alle sehr wesentliche und existenzielle Fragen haben.
- Die Situation ist unbequem und diese Kirchengestalt dreht sich um sich selbst.

- Aber die Fragen sind wesentlich und das Fragenstellen ist wichtig – es zeigt sich darin eine Konsequenz aus der Entwicklung der Engagierten.
- Sie beginnen darüber nachzudenken, was Christsein und Sendung bedeutet. Es geht nicht mehr um ein bloßes Sich-schicken-lassen.
- Diese Fragen sind Indikatoren, dass ein Wachstumsprozess stattfindet.
- Dieser Wachstumsprozess kann sich aber auch wieder zurückentwickeln, wenn die Fragen dauerhaft keine Antwort finden.

Nach dem Zusammentragen der wichtigsten Beobachtungen fokussiert der Kursleiter auf die Fragen, die sich die einzelnen Personengruppen auf dem Poster stellen (von rechts oben nach links oben im Uhrzeigersinn).

Als nächster Schritt wird nach einem Namen für diese Gestalt der Kirche gefragt: Der gefundene Name wird auf Moderationskarten festgehalten und über das Bild gehängt:

– *Welchen Titel könnte man diesem Bild geben? (Kirche in der Pubertät; im Übergang; in der Krise; Kirche, die erwacht.)*
– *Hintergrund: Das ist eine unruhige Übergangsphase des Kircheseins im Bezug auf die Vergangenheit und Zukunft.*
– *Was ist Gewinn, was ist Verlust, was verursacht Schmerzen, was verursacht Freude?*

Zur Bearbeitung dieser Fragen wird die Großgruppe in zwei Teile aufgeteilt. Die eine arbeitet zu Gewinn und die andere zu Verlust (4–5er Gruppen). Diese beiden Fragestellungen werden in jeder der beiden Gruppen aus zwei Perspektiven bearbeitet (ca. 30 Minuten):

(a) für die Priester/Hauptberuflichen/Leitung

(b) für die engagierten Christen

Zusammentragen der Ergebnisse im Plenum.

Theologisch: Bewusstwerdung der Taufwürde – Taufwürde als Prozess des Christwerdens. Ausgangspunkt dieses Impulses ist der Übergang von Bild 2 zu Bild 3: Vom Mithelfen zum kritischen Fragestellen. Dies ist ein Zeichen für die Subjektwerdung.

Impuls zur Taufwürde

Kirche wächst, wenn Menschen sich engagieren. In dieser zweiten Phase der Kirchenentwicklung beginnen Menschen, mit dem Team von Pfarrer und Hauptberuflichen mitzuwirken. Sie lassen sich in Aufgabenbereiche senden, engagieren sich in Teams und – so fühlen sie es jetzt – unterstützen den Pfarrer und die Pfarrei in ihrer Seelsorge und den anstehenden Aufgaben.

Doch gerade weil sich Christen engagieren und sich in den Dienst nehmen lassen, wachsen sie. Es mag am Anfang noch so scheinen, als würden sie sich als „verlängerter Arm des Klerus" verstehen: Diese von Pius XII geprägte Formulierung verweist darauf, dass hier Laien schon in den Dienst genommen werden, aber praktisch im Rahmen einer Delegation durch die eigentlich für das pastorale Handeln Verantwortlichen.

Aber nach einiger Zeit wird sich das ändern: Immer mehr werden sich Menschen fragen, welches die Motive ihres Handelns sind – und dass sie sich keineswegs als Handlanger oder Helfer einer aktiven Kirche verstehen wollen.

Von daher ist es fast selbstverständlich, dass man in die nächste Phase der Kirchenentwicklung übergeht. Die dritte Phase der Kirchenentwicklung zeigt ja deshalb auch eine intensive Auseinandersetzung mit der eigenen Motivation, mit der Rolle, die Glauben im Leben spielt, mit dem eigenen Verhältnis zur Kirche – und vor allem mit einer neuen Verhältnisbestimmung zwischen engagiertem Ehrenamt und den Rollen von Priestern und Hauptberuflichen.

Die Taufwürde

Wenn wir in den vergangenen Jahren auf weltkirchlichen Erkundungen unterwegs waren, dann ist uns vor allem im Erzbistum Poitiers die Rede von der Taufwürde begegnet. Die erste sakramentale Verwurzelung der Kirche gründet sich in der Taufe. Hier hilft es, noch einmal intensiv auf diesen Ursprungsmoment zu achten.

Die Texte des II. Vatikanums, aber auch andere Texte aus Theologie und Lehramt, gehen immer davon aus, dass derjenige, der sich taufen lässt, mit dieser Taufe eine Antwort besiegelt auf einen „Ruf", eine Begegnung mit der Liebe Gottes.

Und auch wenn in unseren Breitengraden die Taufe meistens Kindertaufe ist, dann wird man differenzieren müssen zwischen der Taufe als Anfang und der Taufe als Ursprung. Das Anfangsgeschehen der Taufe ist das liturgisch-sakramentale Geschehen. Es setzt aber eine lebensumgreifende Dynamik frei, und deswegen kann man auch von der Taufe als Ursprung sprechen.

Gemeint ist, dass im Verlauf einer Lebensgeschichte die Frage der Gottesbeziehung sich immer wieder aufs neue stellt. Die Kirche feiert ja in der vierzigtägigen Fastenzeit und vor allem in der Osternacht die Vergegenwärtigung des Geheimnisses der Taufe. Aber jeder Sonntag ist liturgisch ein Neu-hineingestellt-werden in das Geheimnis von Tod und Auferstehung Jesu Christi – und das lässt sich feiern in den unterschiedlichen Wegen der Tauferinnerung.

Doch Taufe als Ursprung zu verstehen meint mehr. Die liturgische Feier bringt ja eine Antwort zum Ausdruck, die der Einzelne in seinem Leben entdeckt und bezeugt: Das Leben aus dem Evangelium im Hören auf das Wort, die konkrete Entdeckung der eigenen Gaben und Charismen, die Entwicklung einer Beziehung mit Gott – die Durchdringung der Lebensvollzüge aus der Frohen Botschaft.

All dies verändert ja auch die Art und Weise, wie ein Christ sich in der Kirche einbringt. Ganz sicher verändert sich sein Verhältnis zur Kirche. Denn war sie ihm am Anfang vielleicht

Institution und Raum von dienenden Aktivitäten, beginnt jetzt ein Prozess der Bewusstwerdung, in dem er selbst sich identifiziert mit dem Leib Christi, der die Kirche ist. Er – mit anderen – wird Kirche.

Der Prozess, der dahin führt, ist oft auch konfliktreich und krisenhaft, er führt aber zu einer tiefen Neuentdeckung der eigenen Taufwürde und zu einem Neuverstehen des Kircheseins.

Anteil am priesterlichen, königlichen und prophetischen Amt Christi

Man kann die Tragweite der Taufwürde auch von der Chrisamsalbung in der Taufliturgie aufgreifen: „Du gehörst jetzt Christus an, der gesalbt ist zum Priester, König und Propheten in Ewigkeit."

Diese Aussagen gilt es zu vertiefen. Das Konzil hat in der dogmatischen Konstitution Lumen Gentium dargestellt, was das im Einzelnen bedeuten kann:

1. Anteil am priesterlichen Amt

„Christus der Herr, als Hoherpriester aus den Menschen genommen (vgl. *Hebr* 5,1–5), hat das neue Volk ‚zum Königreich und zu Priestern für Gott und seinen Vater gemacht' (vgl. *Offb* 1,6; 5,9–10). Durch die Wiedergeburt und die Salbung mit dem Heiligen Geist werden die Getauften zu einem geistigen Bau und einem heiligen Priestertum geweiht, damit sie in allen Werken eines christlichen Menschen geistige Opfer darbringen und die Machttaten dessen verkünden, der sie aus der Finsternis in sein wunderbares Licht berufen hat (vgl. 1 *Petr* 2,4–10). So sollen alle Jünger Christi ausharren im Gebet und gemeinsam Gott loben (vgl. *Apg* 2,42–47) und sich als lebendige, heilige, Gott wohlgefällige Opfergabe darbringen (vgl. *Röm* 12,1); überall auf Erden sollen sie für Christus Zeugnis geben und allen, die es fordern, Rechenschaft ablegen von der Hoffnung auf das ewige Leben, die in ihnen ist (vgl. 1 *Petr* 3,15)."

- „in allen Werken eines christlichen Menschen geistige Opfer darbringen": gemeint ist wohl, dass alles Tun der Liebe durchdrungen ist von der Lebenshingabe Jesu.
- „Machttaten dessen verkünden, der sie aus der Finsternis in sein wunderbares Licht berufen hat": Es ist darüber nachzudenken, was diese Verkündigungsaufgabe im christlichen Leben meint.
- Das Gotteslob leben.
- Die Aufgabe des Zeugnisses für Christus ist mehr als ein Sprechen oder Leben. Als priesterliches Wirken zeigt es, dass hier eigentlich Christus selbst durch dieses Zeugnis aufstrahlt.

2. Anteil am prophetischen Amt Christi

„Das heilige Gottesvolk nimmt auch teil an dem prophetischen Amt Christi, in der Verbreitung seines lebendigen Zeugnisses vor allem durch ein Leben in Glauben und Liebe, in der Darbringung des Lobesopfers an Gott als Frucht der Lippen, die seinen Namen bekennen (vgl. *Hebr* 13,15). Die Gesamtheit der Gläubigen, welche die Salbung von dem Heiligen haben (vgl. 1 *Joh* 2,20.27), kann im Glauben nicht irren. Und diese ihre besondere Eigenschaft macht sie durch den übernatürlichen Glaubenssinn des ganzen Volkes dann kund, wenn sie ‚von den Bischöfen bis zu den letzten gläubigen Laien' (22) ihre allgemeine Übereinstimmung in Sachen des Glaubens und der Sitten äußert. Durch jenen Glaubenssinn nämlich, der vom Geist der Wahrheit geweckt und genährt wird, hält das Gottesvolk unter der Leitung des heiligen Lehramtes, in dessen treuer Gefolgschaft es nicht mehr das Wort von Menschen, sondern wirklich das Wort Gottes empfängt (vgl. 1 *Thess* 2,13), den einmal den Heiligen übergebenen Glauben (vgl. *Jud* 3) unverlierbar fest. Durch ihn dringt es mit rechtem Urteil immer tiefer in den Glauben ein und wendet ihn im Leben voller an.

Derselbe Heilige Geist heiligt außerdem nicht nur das Gottesvolk durch die Sakramente und die Dienstleistungen, er führt es nicht nur und bereichert es mit Tugenden, sondern ‚teilt den Einzelnen, wie er will' (1 Kor 12,11), seine Gaben aus und verteilt unter den Gläubigen jeglichen Standes auch besondere Gnaden. Durch diese macht er sie geeignet und bereit, für die Erneuerung und den vollen Aufbau der Kirche verschiedene Werke und Dienste zu übernehmen gemäß dem Wort: ‚Jedem wird der Erweis des Geistes zum Nutzen gegeben‘ (1 *Kor* 12,7). Solche Gnadengaben, ob sie nun von besonderer Leuchtkraft oder aber schlichter und allgemeiner verbreitet sind, müssen mit Dank und Trost angenommen werden, da sie den Nöten der Kirche besonders angepasst und nützlich sind. Außerordentliche Gaben soll man aber nicht leichthin erstreben. Man darf auch nicht vermessentlich Früchte für die apostolische Tätigkeit von ihnen erwarten. Das Urteil über ihre Echtheit und ihren geordneten Gebrauch steht bei jenen, die in der Kirche die Leitung haben und denen es in besonderer Weise zukommt, den Geist nicht auszulöschen, sondern alles zu prüfen und das Gute zu behalten (vgl. 1 *Thess* 5,12.19–21).“ (LG 14)

- Teilhabe am „sensus fidei“: was bedeutet es genau, an diesem Glaubenssinn Anteil zu haben? Was hat dieser Sensus fidei mit der Praxis des Hörens des Wortes Gottes zu tun?
- Jede und jeder Gläubige hat eine besonderes Gabe, die dem Leib Christi nützt. Wie werden diese Gaben erkannt? Und wie werden sie „geprüft“?

3. Anteil am königlichen Amt Christi

„Zum neuen Gottesvolk werden alle Menschen gerufen. Darum muss dieses Volk eines und ein einziges bleiben und sich über die ganze Welt und durch alle Zeiten hin ausbreiten. So soll sich das Ziel des Willens Gottes erfüllen, der das Menschengeschlecht am Anfang als eines gegründet und beschlossen hat, seine Kinder aus der Zerstreuung wieder zur Einheit zu versammeln (vgl. *Joh* 11,52). Dazu sandte nämlich Gott seinen Sohn, den er zum Erben des Alls gemacht hat (vgl. *Hebr* 1,2), dass er Lehrer, König und Priester aller sei, das Haupt des neuen und allumfassenden Volkes der Söhne Gottes. Dazu sandte Gott schließlich den Geist seines Sohnes, den Herrn und Lebensspender, der für die ganze Kirche und die Gläubigen einzeln und insgesamt der Urgrund der Vereinigung und Einheit in der Lehre der Apostel und in der Gemeinschaft, im Brotbrechen und im Gebet ist (vgl. *Apg 2*,42).

In allen Völkern der Erde wohnt also dieses eine Gottesvolk, da es aus ihnen allen seine Bürger nimmt, Bürger eines Reiches freilich nicht irdischer, sondern himmlischer Natur. Alle über den Erdkreis hin verstreuten Gläubigen stehen mit den übrigen im Heiligen Geiste in Gemeinschaft, und so weiß ,der, welcher zu Rom wohnt, dass die Inder seine Glieder sind'. Da aber das Reich Christi nicht von dieser Welt ist (vgl. *Joh* 18,36), so entzieht die Kirche oder das Gottesvolk mit der Verwirklichung dieses Reiches nichts dem zeitlichen Wohl irgendeines Volkes. Vielmehr fördert und übernimmt es Anlagen, Fähigkeiten und Sitten der Völker, soweit sie gut sind. Bei dieser Übernahme reinigt, kräftigt und hebt es sie aber auch. Sie ist dessen eingedenk, daß sie mit jenem König sammeln muss, dem die Völker zum Erbe gegeben sind (vgl. *Ps* 2,) und in dessen Stadt sie Gaben und Geschenke herbeibringen (vgl. *Ps* 71 (72),10; *Jes* 60,4–7; *Offb* 21,24). Diese Eigenschaft der Weltweite, die das Gottesvolk auszeichnet, ist Gabe des Herrn selbst. In ihr strebt die katholische Kirche mit Tatkraft und Stetigkeit danach, die ganze Menschheit mit all ihren Gütern unter dem einen Haupt Christus zusammenzufassen in der Einheit seines Geistes.

Kraft dieser Katholizität bringen die einzelnen Teile ihre eigenen Gaben den übrigen Teilen und der ganzen Kirche hinzu, sodass das Ganze und die einzelnen Teile zunehmen aus allen, die Gemeinschaft miteinander halten und zur Fülle in Einheit zusammenwirken." (LG 14)

Teilhabe am königlichen Amt Christi meint eine Bemühung um eine gelebte und lebendige Einheit der Weltkirche, ein Teilhaben wollen am Ganzen der Kirche. Wie verwirklicht sich das? Die Teilhabe am königlichen Amt Christi hat deswegen alle Menschen im Blick, die schon in der Erlösung am Kreuz von Christus erreicht wurden. Der Christ kennt deswegen die Sehnsucht, dass möglichst alle Menschen in die Bewegung hin zum Reich Gottes gezogen werden. Was bedeutet das für die

Dimension der Katholizität der Kirche, wenn ihr eigentlich alle Menschen zugeordnet sind?

Arbeit in Kleingruppen mit dem zweiten Teil des Textes, der kopiert und ausgeteilt wird. Fragestellung:

- Wie erfahre ich diese „Theologie" in meinem Leben?
- Welche Weichenstellungen sind notwendig, damit diese Erfahrungen wachsen können? (30–45 Minuten)
- Zusammentragen der Ergebnisse im Plenum und Diskussion.

Schlussfrage zu Bild 3:
Was sind die Risiken, die die hier aufgezeigte Entwicklung verhindern können? (Regression, Reflexion, alte Kirchenbilder)

Merkmale der Kirche der gemeinsamen Berufung
und Sendung

- Auf den ersten Blick scheint es die Dopplung von Bild 2 zu
  sein: dieselben Aktivitäten an denselben Orten.
- In der Mitte steht nicht mehr das delegierende Hauptberuf-
  lichenteam, sondern eine Gruppe von Verantwortlichen, die

in einer wechselseitigen Beziehung zu den Menschen an den unterschiedlichen Orten des Kirche stehen.

- Die wechselseitige Beziehung erkennt man an den Pfeilen.
- Der Hintergrund: Der auferstandene Herr beschreibt auch die ekklesiale Qualität eines jeden Ortes und verweist auf die innere Motivation für den Dienst: **Taufberufung und Entdeckung der eigenen Sendung.**

Möglicher Gesprächsverlauf nach dem gemeinsamen Zusammentragen der Beobachtungen durch das Plenum. Der Kursleiter fragt z. B.:
- *Was hat sich gegenüber Bild 3 verändert?*
- *Welche Haltung kennzeichnet in Bild 2 den Helfer und den, der zum Helfen auffordert – und wie ist das in Bild 4?*

Als nächster Schritt wird nach einem Namen für diese Gestalt der Kirche gefragt. Der gefundene Name wird auf Moderationskarten festgehalten und über das Bild gehängt *(berufen und gesandt – Kirche gemeinsamer Verantwortung – Kirche in gemeinsamer Sendung).*
- *Welchen Namen könnte man dieser Kirchengestalt geben?*

Im darauffolgenden Gespräch werden die Dienste fokussiert.
- *Wie kommt es dazu, dass Menschen jetzt eine Aufgabe übernehmen – warum tun sie das?*
- *Was bedeutet es für eine Kirchenentwicklung, wenn nicht zuerst die zu verteilenden Aufgaben im Vordergrund stehen, sondern die Gaben zu entdecken sind?*

Hintergrundtext:

Ein nächster Schritt – Gabenorientierung:
Wenn wir bei den Kirchenbildern im Übergang von Phase 3 nach Phase 4 das Thema „Gabenorientierung" ansprechen, so geht es einerseits um die Frage, wie wir Kirche verstehen, aber auch um die Frage, wie und wodurch Kirche wächst. Geht es um ein Geschehen, das zu organisieren ist oder geht es darum,

auf die Menschen zu schauen, die an einem konkreten Ort leben, mit all ihren unterschiedlichen Gaben, und durch das Einbringen ihrer Gaben den Leib Christi, die Kirche, an einem bestimmten Ort realisieren und konkretisieren? Was also ist die Rolle, die Gabenorientierung hier spielen kann?

Wenn wir die Wachstumsphasen des Kircheseins anschauen, so sehen wir, dass die entscheidende Frage immer die Frage nach einem nächsten Schritt ist – einem nächsten Schritt, der die Beteiligung möglichst Vieler wachsen lässt. Wodurch wird dieses Wachstum möglich? Betrachtet man z. B. den Übergang von Phase 1 nach Phase 2, d. h. von einer Kirche, in der wenige Einzelne Viele versorgen, hin zu einer Kirche, in der Menschen den „Versorgern" helfen, dann zeigt sich darin immerhin schon ein Mehr an Beteiligung. Aber Gabenorientierung bedeutet ja nicht in erster Linie den Zugewinn von engagierten Mitarbeitern. Es geht vielmehr darum, dass die Gaben der Menschen vor Ort der Ausgangspunkt von Kirchenentwicklung sind: weg von vorgegebenen Aufgabentableaus, in die Menschen sich eingeben sollen und hin zu den Menschen, die durch ihr Engagement und ihre Sendung das Antlitz der Kirche prägen. Weg von einer aufgabenorientierten hin zu einer gabenorientierten Pastoral und hin zu einer Kirche, deren Antlitz die Getauften sind. Denn wer bestimmt denn eigentlich, welches die Aufgaben sind, die – noch? – erledigt werden müssen? Wer sagt und wie entscheiden wir, was in unseren immer größer werdenden pastoralen Räumen Kirche lebendig macht, wachsen lässt oder auch völlig neue Formen des Kircheseins ins Leben bringt? Es geht eben nicht darum, Menschen zu finden, die die anstehenden Aufgaben irgendwie noch erfüllen können, sondern vielmehr um eine Art des Kircheseins, die – wie Klaus Hemmerle sagt –, aus der Gemeinschaft vieler unterschiedlicher Charismen wächst, – „als göttliche Berufung und Begabung zum Engagement?"

Was zeigt sich hier also beim Übergang von Phase 3 nach Phase 4? Es zeigt sich die Vision einer Kirche, in der Gabenorientierung ein zentrales Gestaltungsprinzip pastoraler Orte ist. Es geht um einen Weg der Wahrnehmung, welche Spuren

Gott schon gelegt hat in den Gaben der Menschen am jeweils konkreten Ort. Die Menschen werden sich der Gaben bewusst, die ihnen in der Taufe geschenkt sind und bringen sie ein. Die Motivation ihres Handels verändert sich durch Wahrnehmung dessen, was ihnen geschenkt ist und wozu sie durch die ihnen geschenkten Gaben und Fähigkeiten gesandt sind. Es wird deutlich, dass es um einen Prozess geht, der ein „Zuerst" und ein „Danach" hat. Zuerst geht es eben darum zu entdecken, welche Gaben in dem einen Leib, der die Kirche an einem konkreten Ort bildet, schon gelegt sind. Und die Herausforderung, die danach kommt, besteht darin, wie aus diesen Gaben konkret Kirche in vielen unterschiedlichen Formen wachsen kann.

Dies wäre ein radikaler Paradigmenwechsel, der auch stark die Rolle der Leitung verändern würde. Schon in den vorherigen Phasen des Kircheseins war es immer ein wichtiger Punkt zu entdecken, welche Haltungen die Leitenden in der jeweiligen Phase einnehmen. Denn klar ist, dass sich die Rolle von Leitung, die Rolle des Amtes verändert, wenn wir anerkennen, dass die Rolle der „Ehrenamtlichen" (hier bräuchte es ein neues Wort, das den be-gabten Christen angemessen ist) nicht die von Lückenfüllern ist, die die Aufgaben erledigen, die die immer kleiner werdende Zahl der Hauptamtlichen nicht (mehr) allein schafft. Leitung in einem solchen Kontext buchstabiert sich dann vielmehr als dienen und als ermöglichen.

Dass dieser Wandel nicht einfach ist, ist nachzuvollziehen. Aber klar ist auch, dass es nicht um ein „weniger" geht für die Leitenden – und schon gar nicht um ein „weniger wichtig" –, sondern um ein „anders". Es geht darum, Ermöglicher zu sein – zu ermöglichen, dass Menschen ihre Gaben entdecken und einbringen können und diese Gaben dann zu koordinieren, damit der eine Leib immer sichtbarer und lebendiger wird und so auch völlig neue Formen des Kircheseins in Leben bringen kann – nämlich ausgerichtet an den Gaben der Menschen. Je lebendiger eine Gemeinde dann ist oder wird, desto notwendiger werden die leitenden Amtsträger als Diener, Ermöglicher und Koordinatoren dieser Gaben sein.

Arbeit in Kleingruppen:
- In Kleingruppen (4–5er) wird der Text diskutiert: Welche Konsequenzen ergeben sich aus einer solchen Kirchenperspektive? Welche Rolle haben in dieser Perspektive Pfarrer und Hauptberufliche?
- Zusammentragen im Plenum.
- Was sind die Grenzen dieser Kirchenerfahrung? (Fokussieren auf folgende Punkte: fehlende Vernetzung untereinander, es sind immer nur dieselben, Fokussierung auf ein Zentrum, alles dreht sich um die, die immer schon da sind).

B 5 – Die vier Beziehungsdimensionen des Kircheseins

- Mapping: Kirche an unserem Ort als Gemeinschaft von Gemeinden.
Die Teilnehmer gehen in ihren Teams mit einer großen Karte ihrer Pfarrei in eine Gruppenarbeit, in der sie die Orte oder Projekte des Kircheseins in ihrer Pfarrei individuell markieren und mit Punkten (rot) versehen (20 Minuten).
- Input: Vier Beziehungsdimensionen des Kircheseins mit einer detaillierten Beschreibung des Profils der vier Merkmale.

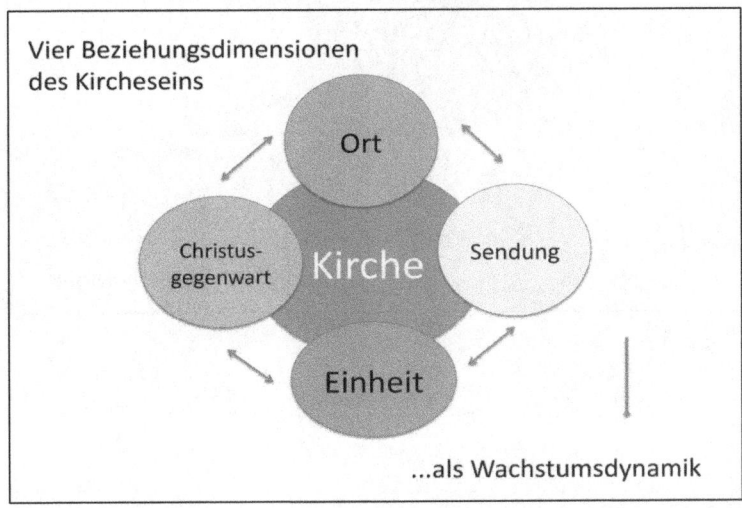

Folie 1

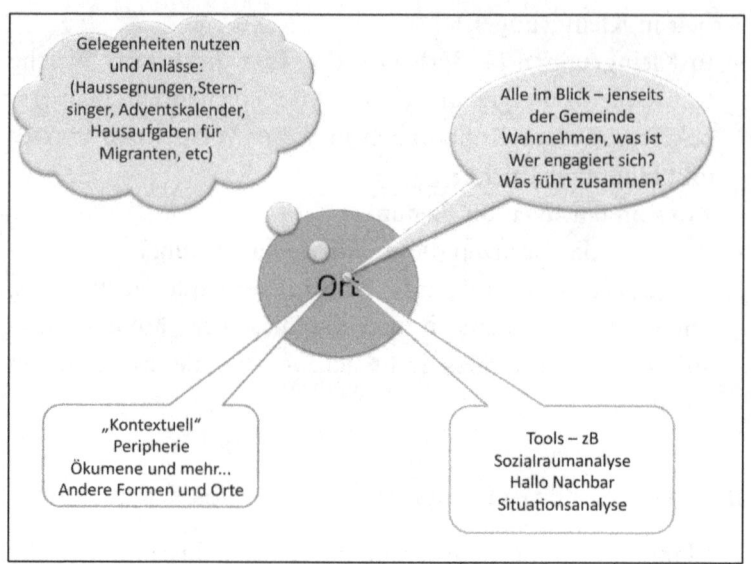

Folie 2

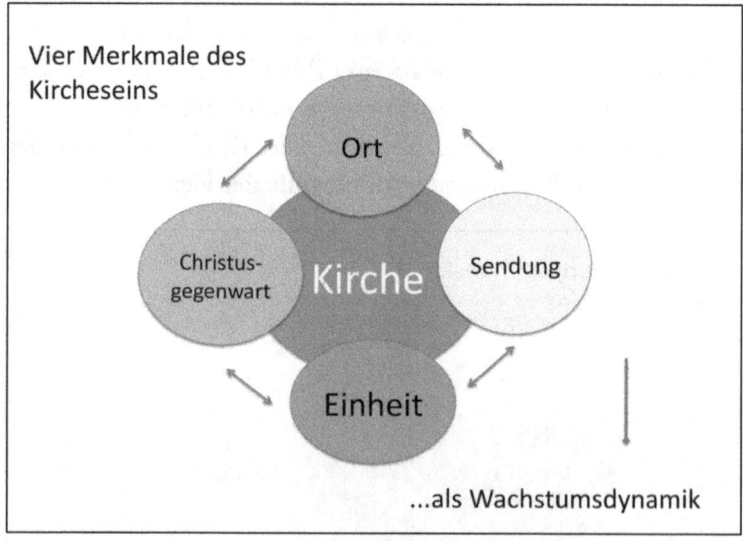

Folie 3

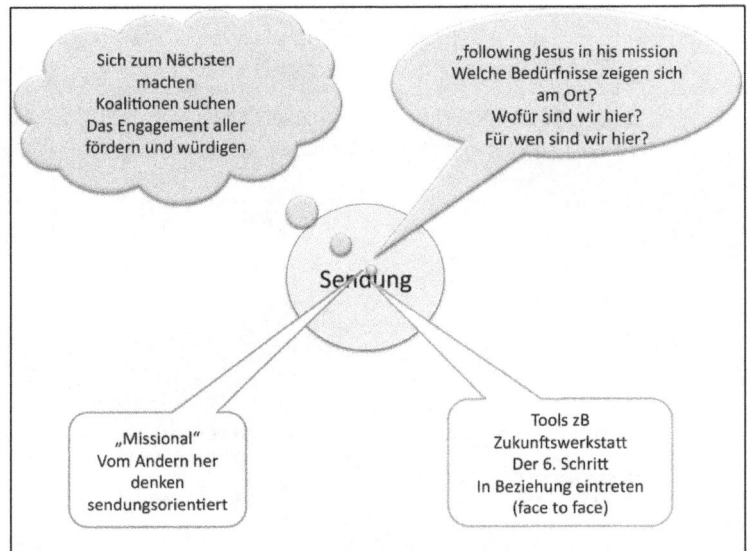

Folie 4

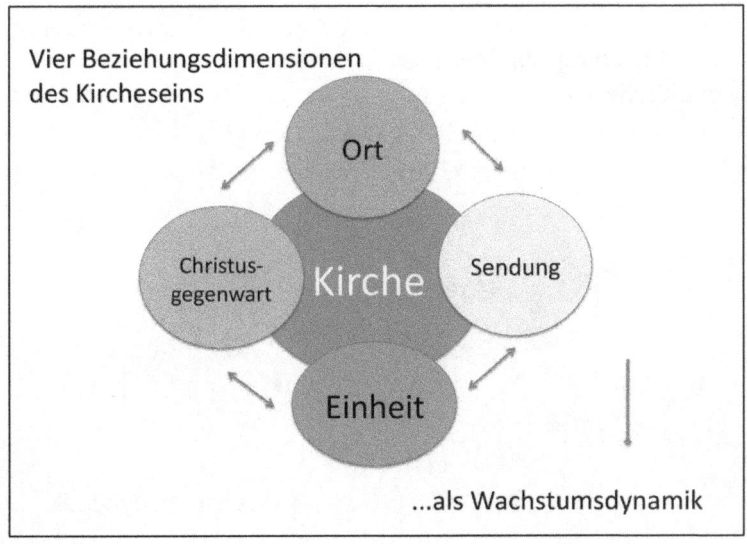

Folie 5

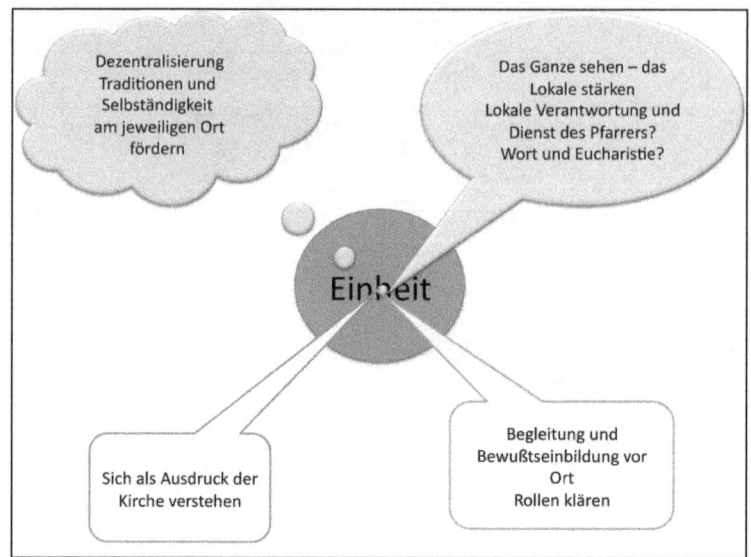

Folie 6

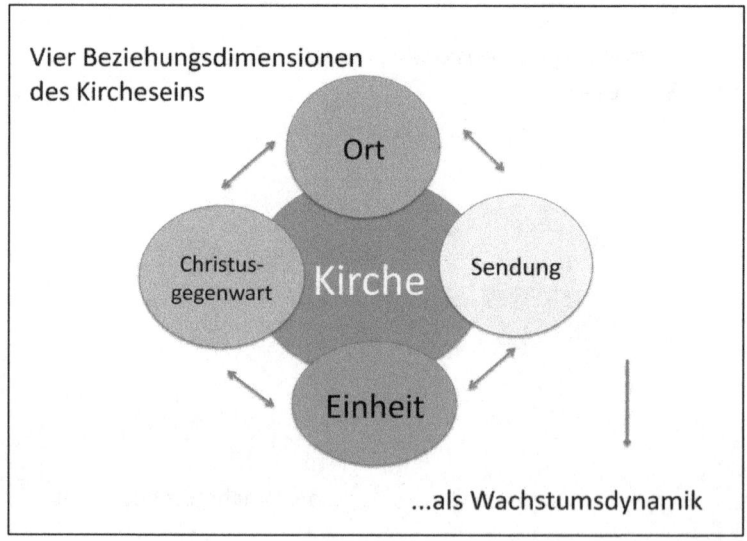

Folie 7

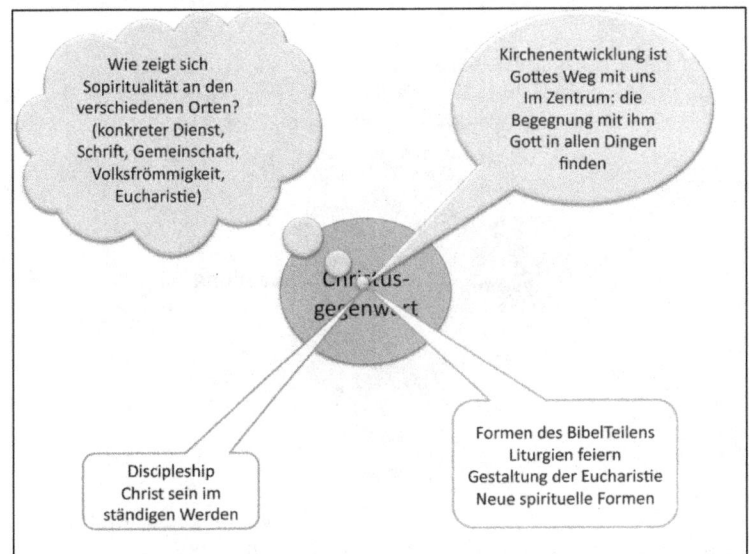

Folie 8

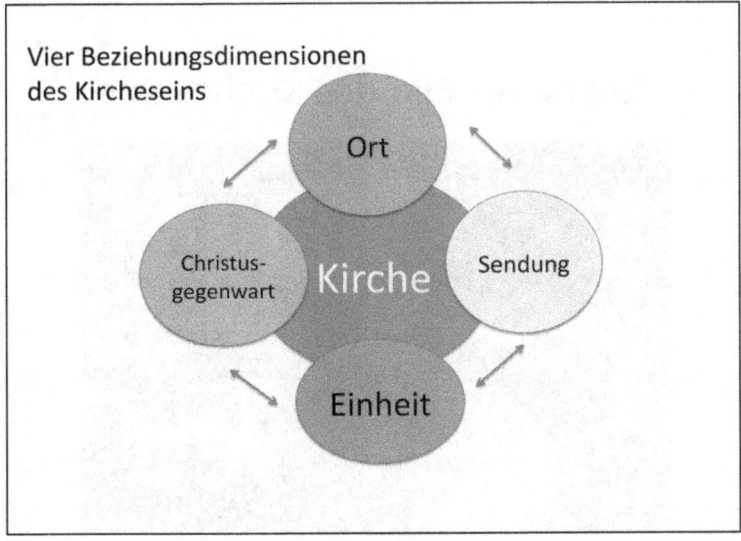

Folie 9

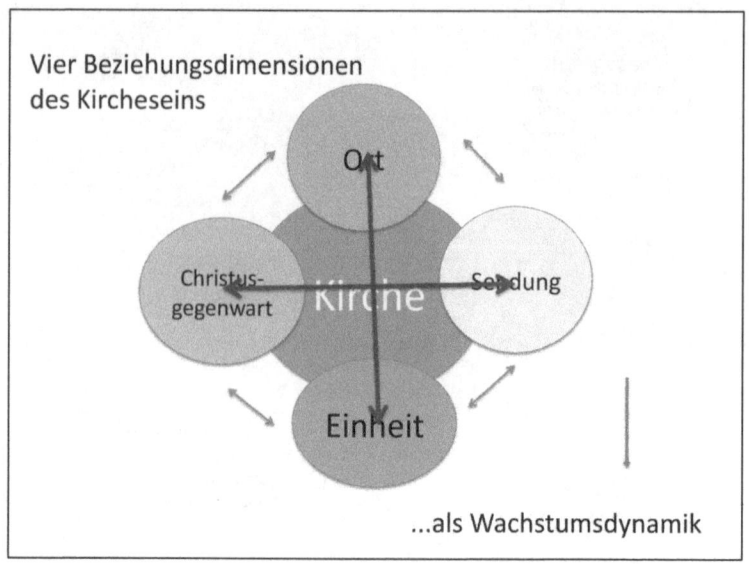

Folie 10

Folie 11

Folie 1

Kirche sein ist keine statische Struktur. Kirche beschreibt Beziehungsdimensionen. Klassisch werden diese Dimensionen in den vier Wesensmerkmalen des Kircheseins zum Ausdruck gebracht: Die Kirche ist die una, sancta, catholica et apostolica – die eine, heilige, katholische und apostolische Kirche. Aber was heißt das praktisch? Die Rede von den vier Beziehungsdimensionen entfaltet dies. Zugleich wird aber auch immer deutlich, dass es hier um einen Weg und eine Entwicklung geht. Es ist also eine Wachstumsdynamik. Und gerade dann, wenn man in größerer Freiheit die Kirche nicht von ihrer pfarrlichen Struktur erschließt, sondern von den wirklichen Beziehungsvorgängen.

Dann aber erschließen sich diese vier Perspektiven der Beziehungsdynamik: Kirche ist da, wo alle Menschen eines Ortes in den Blick geraten: Die Katholizität meint nicht Entwicklung der Konfessionalität, sondern erinnert an die umfassende Liebe des Herrn, die sich im Handeln der Kirche fortsetzt – und dies geschieht im Blick auf den Ort, auf die Menschen am Ort.

Apostolizität verwirklicht sich in der Sendung. Zu fragen ist immer wieder neu, wohin sich die Kirche gesendet weiß. Wesensmerkmal der Kirche ist es, dass sie „mission shaped" ist.

Zugleich aber ist die Kirche vor Ort in ihrer Katholizität und Apostolizität nur dann sie selbst, wenn sie eingebunden ist in das größere Netzwerk der Communio der Ortskirche, der Weltkirche, und das meint ja dann auch: Hier wächst das Bewusstsein von der Einheit, die sakramental geschenkt ist.

Aber diese Einheit wirkt und schenkt die Dynamik der Heiligkeit: Der innere Antrieb ist jener Geist, der immer wieder neu zur Christusgegenwart führen will – Kirche ist immer „Christus als Gemeinde existierend".

Folie 2
Der „Ort" ist die erste Beziehungsdimension, die wir anschauen wollen. Man muss genau hinsehen, welche Fragen in den Blick genommen werden könnten, um diese Perspektive auszuleuchten (links oben). Daraus ergeben sich für Bewusstseinsbildungsprozesse „Werkzeuge", die genutzt werden können, um dann kontextueller Kirche sein zu können. Hier spielt die Ökumene eine wichtige Rolle.

Bei allen Beziehungsdimensionen ist immer darauf zu schauen, welche konkreten Initiativen schon da sind – und welche entwickelt werden könnten.

Folie 4
Die „Sendung" zeigt auch die Fragerichtung jeder kirchlichen Wirklichkeit an: Wir folgen ja nicht einfach Jesus, sondern – wie ein indischer Theologe treffend formulierte – „we are following Jesus in his mission". Auch dafür gibt es Methoden und Werkzeuge. Eine Zukunftswerkstatt kann mit Partnern der Zivilgemeinde nach den Herausforderungen suchen – der 6. Schritt des Bibelteilens kann unterstützen und den Blick weiten.

Es gilt „Mission first" (Kardinal Schönborn) – Kirchen sollten vom anderen her denken. Entsprechend ist zu suchen, wo dies in der kirchlichen Landschaft vor Ort schon geschieht.

Folie 6
In der Diskussion um die Frage nach der Einheit geht es darum, zu fragen, wie das „Örtliche" der Kirche verknüpft ist mit dem Ganzen des Kircheseins, mit der Pfarrei. Hier spielt die Eucharistie eine zentrale Rolle und der Dienst des Pfarrers ist als Dienst an der Selbstwerdung örtlicher Gemeinden aufzufassen. Wie ermöglicht der Pfarrer/das Team vor Ort die spirituelle und im Wort gegründete Kirchenwirklichkeit – und wie kann lokale Verantwortung gestärkt werden?

Das setzt Prozesse der Begleitung voraus. Rollen vor allem der Hauptberuflichen müssen neu geklärt werden – und für alle gilt: Welches Kirchenbild – vor allem im Blick auf Zentralität und Dezentralität – steckt im Hintergrund, und verstehen sich die einzelnen Orte als Ausdruck des Kircheseins?

Gerade auf diesem Hintergrund sind die Traditionen und die Selbständigkeit an jedem Ort zu fördern.

Folie 8
Alles zielt auf die Christusgegenwart. Es geht immer darum, dass Christus lebendig und erfahrbar ist inmitten seines Vol-

kes. Er führt uns ja – und deswegen ist nachzufragen, wie in Wort, Liturgie, Leben und Geschichte des Volkes Gottes vor Ort Christus erfahrbar wird.

Entsprechend geht es darum, immer wieder Formen der Spiritualität für die ganze Gemeinde auszubilden und einen Schwerpunkt auf die Frage nach dem Umgang mit dem Wort zu legen, und vor allem eine Kultur der Liturgien und besonders der Eucharistie weiterzuentwickeln – denn bei all dem ist es zentral, das Christsein im Werden zu beachten.

Gleichzeitig ist es sehr bedeutsam, dass wir neu entdecken, wo an die Formen geistlichen Lebens und den entsprechenden Traditionen angeknüpft werden kann.

Folie 10
Dabei wird deutlich, dass es eine Spannung und Zusammengehörigkeit gibt – zwischen Spiritualität und Diakonie einerseits, und andererseits zwischen lokaler Katholizität und sakramentaler Einheit.

Folie 11
Wenn wir postmoderne Entwicklungsprozesse der Kirche begleiten wollen, dann gilt es zunächst einmal festzuhalten, dass zwei Ebenen zu unterscheiden sind. Auf der einen Seite finden wir in der bischöflich – und also amtlich-sakramental – verfassten Ortskirche und ihren „Pfarreien" einen institutionalisierten Grundraum vor, der die sakramentale Dimension des Werdens der Kirche ermöglicht: Es ist ja Christus, der das Volk Gottes führt und leitet, er ist die Mitte jedes Werdensprozesses der Kirche. Sie entsteht durch das gelebte Wort, durch die gelebte Eucharistie – aber eben genau jene Werdensprozesse sind nicht auf eine bestimmte Gemeindeform zu reduzieren, sondern gerade die geistgewirkte Kraft des Wortes und der Eucharistie.

Es geht immer und immer wieder darum, dass die sakramentale Mitte des Kircheseins nicht eine bestimmte Form beschreibt, sondern den inneren Glutkern, von dem aus verschiedene Gestaltungen wachsen können.

Das ist zunächst nur eine Behauptung: Es vollzieht sich zur Zeit so etwas wie eine kopernikanische Wende der Kirchenperspektive. Es findet eine Relativierung und Neukonfigurierung des bisherigen Kirchenverständnisses statt. War bis vor kurzem eine feine Unterscheidung von „territorialer" und „kategorialer" Seelsorge leitend, die das eigentliche Kirchesein letztlich nur in der Gemeinde sah, so wird es theologisch korrekter, wenn man die sakramentale Ermöglichungsdimension von den vielfältigen Gestaltungsmöglichkeiten unterscheidet. Dann ist das Sonnensystem der ortskirchlichen und in ihr der pfarrlichen Wirklichkeit der Gestaltungsraum vieler werdender und sich entwickelnder Kirchengestalten.

Aber das wäre zu belegen: Wie und in welcher Weise können andere Orte des kirchlichen Lebens auch „Kirche", „Gemeinde" sein oder werden? Welche Kriterien gibt es dafür?

Kirche als Swimmingpool

Zunächst orientieren wir uns an dem Bild, dass Michael Moynagh geprägt hat. Diese umfassende Ermöglichungsdimension der Kirche bringt er zusammen mit dem Bild des „Swimmingpools", der unterschiedliche Wassertiefen haben kann, aber eben immer Pool ist … Genauso gestaltet sich die Kirche, die in Christus sakramental verfasst ist und deswegen ermöglicht, dass Menschen auf ihn zuwachsen, aber gerade in diesem Hinwachsen ist er schon in einer Gemeinschaft der Kirche (vgl. den Katechumenat).

Aber sind diese Gemeinschaften, gerade auch die Gemeinschaften „auf dem Weg", schon Kirche?

Es sind dabei zwei Perspektiven zu bedenken: Im katholischen Kirchenverständnis ist der eigentliche Referenzpunkt des Kircheseins die Ortskirche, und zwar deswegen, weil hier die Gegenwart Christi apostolisch im Bischofsamt verbürgt wird und wiederum in der Eucharistie und in der Verkündigung des Evangeliums ins Leben gebracht wird. Das gilt auch für die Pfarrei, die ja in der Sendungsverantwortung des Bischofs steht. Die Feier der Eucharistie geschieht aber nicht an jedem Ort, und doch umfasst die Eucharistie alle Orte und alle Christen, die in dieser Ortskirche leben – und ihr zugehören.

Beziehungsdimensionen des Kircheseins (und –werdens)

Auf diesem Hintergrund kann man jede der Kirchenwirklichkeiten als „in fieri" (im Entstehen) sehen. Wahr ist aber auch, dass man genau hinschauen kann auf die verschiedenen Beziehungsdimensionen einer werdenden Kirche:

- Auf dem Weg zur Vertiefung der Beziehung zu Gott ist danach zu schauen, wie und auf welchen Wegen Menschen begleitet werden können und welche Erfahrungen und Praktiken es schon gibt. Dabei ist der Gedanke der Spiritualität weit zu fassen (vgl. die „Mystik des Miteinander", von der Papst Franziskus spricht).
- Auf dem Weg zur Vertiefung der Beziehung und Kooperation mit allen Menschen im Lebensraum. Die Katholizität der Kirche legt nahe, wirklich mit allen Menschen guten Willens im Quartier, in der Nachbarschaft zusammenzukommen.
- Die Sendung und also die Beziehung zwischen Kirche und Welt auszugestalten: Wozu sind wir da? – und wie zeigt sich das?
- Die Beziehung des speziellen Ortes des zum ortskirchlichen Ganzen ist ebenfalls wesentlich. Denn eigentlich wird es hier erst möglich, was auch der Horizont des Werdens ermöglicht, dass die einzelnen Orte des Kircheseins nicht das Ganze sein müssen, sondern Weggestalten.

Alle Beziehungsdimensionen sind natürlich wechselseitig zu lesen, immer als gegenseitiger Impuls und als gegenseitige Bereicherung.

- **Gruppenarbeit:** Die Teilnehmer gehen noch einmal in ihre Gruppe und überprüfen die Karte der Orte des Kircheseins, fügen neue Punkte hinzu (blau) oder nehmen etwaige weg (30 Minuten). Zur Unterstützung bekommen sie eine Folie der Pdf-Präsentation, die die vier Merkmale zeigt.

- Abschließend Wandelplenum und Plenumsgespräch zu den erarbeiteten Ergebnissen und Fragen, die entstanden sind. Beim Wandelplenum tritt jeweils ein Mitglied der Gruppe hervor, um Auskunft über das Arbeitsergebnis zu geben.
- Der Kursleiter stellt abschließend folgende Fragen:
  - *Was wird aus einer kirchlichen Wirklichkeit, wenn*
  - *Sendung*
  - *Christusgegenwart*
  - *Einheit*
  - *Ort, etc. fehlen?*
  - *Im Plenum werden die Ergebnisse diskutiert.*
  - *Die Teilnehmer unterhalten sich in Zweiergruppen, ob sie entsprechende Beispiele aus ihrer konkreten Kirchenerfahrung kennen*
  - *Austausch im Plenum*

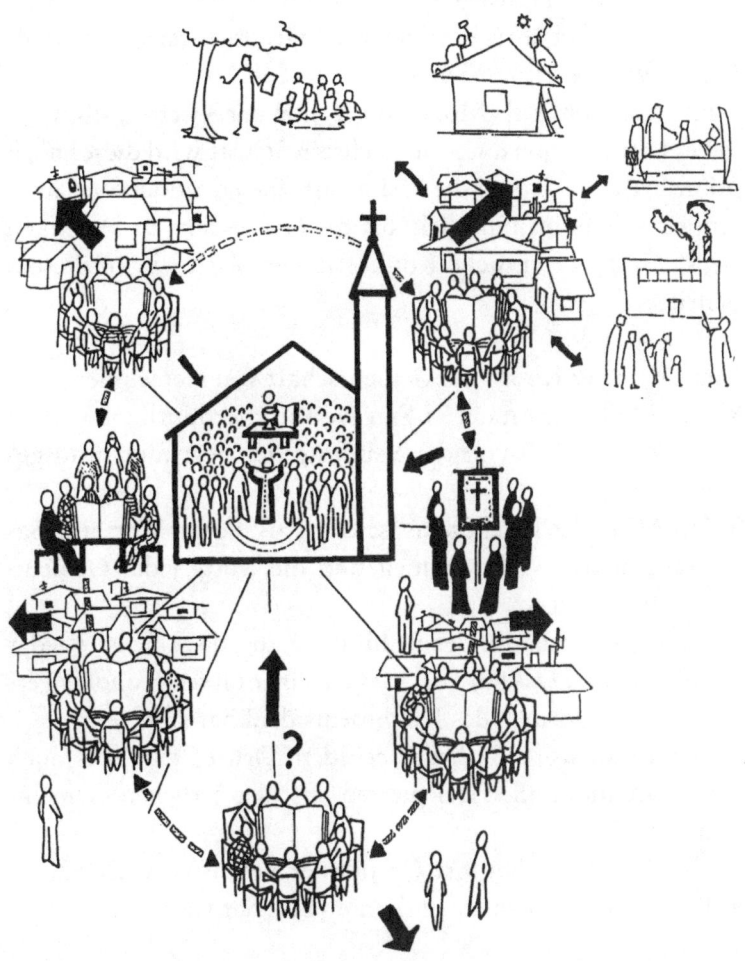

Einführungstext:
Um weiter als bis zu der Kirchengestalt von Bild 4 zu kommen, braucht es einen längeren Bewusstseinsprozess mit möglichst Vielen, der durch alle diese Stufen geht, und so zu einer gemeinsamen Vision kommt. Shortcuts gehen nicht: Es reicht nicht, dass der oder die Leiter das durchsetzen wollen. Es ist ein Prozess, der aufgrund seiner Partizipationsorientierung die Zeit braucht, die für die jeweilige Gemeinschaft von Menschen

notwendig ist, damit sie diese Vision einer Kirche der Beteiligung ergreifen. Deswegen wird das Bild 5 auch ein wenig weiter weg von den übrigen vieren gehängt, um diesen Prozess als langen Weg zu visualisieren.

Bild 5 stellt nur als Modell die Vision der Kirche größtmöglicher Partizipation dar – im nächsten Schritt wird dieses noch inkulturiert und somit die Vision auf eine postmoderne Christenheit –, das im Hinblick auf die Diskussion zu bedenken ist, denn die eigentliche Konkretion erfolgt nicht in diesem Schritt.

Merkmale der Kirche als Gemeinschaft von Gemeinden:
• Die Pfeile, die nach außen weisen, verdeutlichen, dass die Kirche sich von der Sendung her bestimmt und gestaltet.
• Die Mitte des Kircheseins ist Christus, der in Wort und Sakrament das Volk sammelt und die Mitte jeder Gemeinschaftsgestalt ist.
• Auch der Verband, der in Bild 1 schon da war, ist wieder aufgetaucht, was aufzeigt, dass in einer mixed economy verschiedene Formen des Kircheseins denkbar sind.
• Die Verantwortung liegt bei jedem Ort, es gibt aber auch ein Gremium aller Delegierten aus den örtlichen Gemeinden.
• Jede Gemeinde hat ihre Gestalt der Verantwortlichkeit.
• Die Gemeindeformen sind untereinander vernetzt.

Nach dem Zusammentragen der wichtigsten Beobachtungen erinnert der Kursleiter an den Übergang zu Bild 5:
– *Was waren die Grenzen von Bild 4?*
– *Was war die ausstehende Perspektive?*

Nun rückt der Kursleiter folgende Vertiefungen der Merkmale von Bild 5 in den Blick:
– *Was unterscheidet die Gruppen?*
– *Welche Bedeutung hat es, dass die Bibel sehr groß gezeichnet ist?*

- *Was schafft die Verbindung unter den Gruppen der Pfarrei?*
- *Was verbindet die Gruppen?*

Als nächster Schritt wird nach einem Namen für diese Gestalt der Kirche gefragt. Der gefundene Namen wird auf Moderationskarten geschrieben und über das Bild gehängt. (Kirche als Gemeinschaft von Gemeinden o. ä.)
- *„Welchen Namen könnte man dieser Kirchengestalt geben?"*

Danach richtet der Kursleiter die Aufmerksamkeit noch einmal auf die zugrundeliegenden Haltungen und Werte:
- *„In jedem Bild haben wir nach Haltungen und Werten gefragt. Welche Haltungen und Grundwerte finden sich in dieser Kirchengestalt?"*

Diskussion in kleinen Gruppen und abschließender Austausch im Plenum.

C Liturgie zu den Kirchenbildern

Einführungstext:
Wer ist unter euch noch übrig, der dies Haus in seiner früheren Herrlichkeit gesehen hat? Und wie seht ihr's nun? Sieht es nicht wie nichts aus? (Hag 2,3)

Ein Blick in das alttestamentliche Buch Haggai wirft ein weiteres Licht auf die Auseinandersetzung mit den Wachstumsphasen des Kircheseins.

Der Prophet Haggai ruft auf zum Wiederaufbau des Jerusalemer Tempels. Diesen Aufbau verkündet er als notwendig – notwendig, weil sonst die ersehnte Wende aus schwierigen Zeiten heraus nicht stattfinden kann. Und in gewisser Weise spiegeln sich hier Wahrnehmungen, die uns auch aus der heutigen Auseinandersetzung um Kirche nicht fremd sind.

In der Arbeit mit den Kirchenbildern im vorherigen Abschnitt ging es um das Entdecken von Haltungen, um ein Hineinwachsen in veränderte Rollen, ein neues Leitungsverständnis und ein neues Verständnis des Engagements aus der Taufe und den Charismen heraus. Allerdings zeigt sich in der konkreten Arbeit mit den Kirchenbildern und der Deutung der unterschiedlichen Gestalten von Kirche nicht selten, wie schnell Teilnehmer in ein Schema von „früher/heute" oder „besser/schlechter" fallen können. Und entsprechend der Unterschiedlichkeit der Teilnehmer öffnet sich ein weites Spannungsfeld zwischen „die alte Herrlichkeit wiederherstellen", weil alles andere als ein „nichts" erscheint, oder aber der Offenheit, Kirche neu zu entdecken, an ganz unterschiedlichen Orten in ganz unterschiedlichen Formen. Aber es ist immer das Haus Gottes und Gott verkündet durch Haggai: „Fasst Mut, ich bin bei euch. Das Wort, das ich mit euch vereinbart habe, und mein Geist bleiben in eurer Mitte" (Hag 2, 4–5). Gott tritt in Beziehung und verweist auf die Verlässlichkeit und Treue dieser Beziehung.

Dies glauben zu können braucht auch heute ein lebendiges In-Beziehung-Treten mit Gott. Und deshalb ist es hier noch einmal von zentraler Bedeutung, dass der mystagogische Aspekt dieser Bewusstseinsbildung in den Vordergrund rückt. Dies soll in der folgenden Liturgie geschehen. Sie will einen Raum öffnen, in dem das, was erkannt und gedeutet wurde, im Gebet tiefer durchdrungen wird und so Kirchenentwicklung – jenseits unseres Tuns – als Handeln Gottes in der Zeit erkannt und erfahrbar wird.

Anleitung für die Liturgie:
In einem Raum werden vier Stationen entsprechend den Kirchenbildern 1 bis 4 aufgebaut. An jeder Station hängt das Poster mit dem entsprechenden Kirchenbild und ein zu gestaltendes Poster mit der jeweiligen Anleitung zu der Station. Auf dem Boden stehen die entsprechenden Materialien und Kerzen oder Teelichter. Um die Station wird ein Halbkreis aus Stühlen gebildet.

Benötigtes Material:
- Poster der 4 Kirchenbilder
- großes Blatt (Flipchart) mit den Anleitungen zu den Stationen (siehe unten)
- Reflexionsfragen für jede Station an der Station auslegen
- Kerzen für jede Station
- Hocker oder ähnliches als Podest
- größeres Kreuz, das auf dem Boden liegen kann

- Anleitung geben für den Gang durch die 4 Stationen des Kirchen-Wachstums.
- jede/r nimmt sich für die einzelne Station so viel Zeit, wie er/sie braucht (ca. 50 Minuten insgesamt).
- Eröffnungslied / Eröffnungsgebet (freies Gebet durch verschiedene Teilnehmer)
- Leise Hintergrundmusik

Station 1: Versorgungskirche *(Material: Podest)*
- Stellen Sie sich auf das Podest!
- Erinnern Sie sich an Momente, in denen Sie diese dominierende Haltung eingenommen und so gehandelt haben.
- Steigen Sie – nach einigen Momenten der Stille – wieder von diesem Podest herunter und sprechen Sie leise für sich ein Gebet der Buße.

Station 2: Kirche der Mithelfer und Unterstützer *(Material: Arbeitsblätter)*
- Nehmen Sie das Arbeitsblatt mit den verschiedenen Aussagen zur Kirche der Mithelfer und Unterstützer:
  - *Gib nicht mir die Schuld! Ich bin nur auf Entscheidung des Bischofs hier!*
  - *Deine Meinung ist interessant, doch letztendlich entscheide ich!*
  - *Ich habe in der Pfarrei so viel zu tun, dass ich davon einiges an andere delegieren muss.*
  - *Gott hat mich berufen, für die Kirche zu arbeiten, aber ich brauche Hilfe um meine Sendung zu erfüllen!*

– Ich mag den neuen Bischof, also helfe ich mit.

- Reflektieren und überdenken Sie die Art und Weise, in der Sie Ihren Dienst ausführen. Stimmen Sie mit den Aussagen auf dem Zettel überein? Warum? Warum nicht? Inwiefern fühlen Sie sich durch diese Aussagen herausgefordert?
- Treten Sie mit geöffneten Händen einen Schritt näher an die brennende Kerze heran und bitten Sie um die Gnade Gottes und dafür, dass sich andere Menschen durch Sie ihrer Teilhabe an der Sendung Jesu Christi tiefer bewusst werden können.

Station 3: Kirchenkrise – Kirche erwacht (*Material: Korb / Schale, Papier, Stifte*)

- Überlegen Sie drei Fragen, die Sie selbst im Blick auf die Kirche haben – z.B. hinsichtlich ihrer Theologie, ihrer Strukturen, ihres Systems, ihrer Praxis sowie im Blick auf die Rolle von Priestern und Laien etc.
- Nehmen Sie Stift und Papier und schreiben Sie jede Frage auf je einen separaten Zettel und legen Sie diese Zettel in den Korb / in die Schale.
- Nehmen Sie 2 bis 3 Fragen aus dem Korb, die nicht Ihre eigenen sind. Lesen Sie diese Fragen in Stille und beten Sie für die Person, die diese Fragen aufgeschrieben hat.

Station 4: Kirche – gemeinsam berufen und gesandt (Material: Kreuz)

- Stellen Sie sich in die Nähe des Kreuzes und rufen Sie sich die Geschichte Ihres eigenen Berufungsweges in Erinnerung.
- Denken Sie über die folgenden Fragen nach:
  - *Wo stehe ich jetzt? Wonach sehne ich mich, das sich in meiner Beziehung zu Jesus ereignen möge?*
  - *Wie spiegelt sich meine Beziehung zu Jesus in meinem Dienst / in meiner Arbeit wieder?*
- Berühren Sie das Kreuz, wenn Sie mögen, oder setzen Sie sich dicht an das Kreuz heran, während Sie diese Fragen reflektieren

Abschluss

- Die Teilnehmer bilden einen Kreis.
- Jeder betet einen Moment in Stille zunächst für die Person zu seiner rechten Seite und legt dabei seine rechte Hand auf die Schulter dieser Person.
- Danach das Gebet in Stille für die Person zur Linken, mit der linken Hand auf der Schulter dieser Person.
- Der Leiter der Liturgie spricht laut ein Gebet für die Gemeinschaft der Teilnehmer.
- Abschlusslied

3. Die Vision einer Kirche der Beteiligung ins Leben bringen

Einführung: Die Einheit über die Entwicklungsphasen des Kircheseins schloss mit einem modellhaften 5. Bild ab und feierte diese Erfahrung in einer speziellen Liturgie. Der nächste Schritt will nun die im Hintergrund stehende Vision des Kircheseins entdecken und in unseren kulturellen Kontext bringen. Dabei geht es darum, die Bedeutung einer Vision und – im Kontext einer Kirche der Beteiligung – einer gemeinsam geteilten Vision in den Blick zu rücken. Darüber hinaus schafft diese Einheit ein Bewusstsein für Prozesse lokaler Kirchenentwicklung und zeigt einen Weg, dies vor Ort zu gestalten.

Ziele

- Die Teilnehmer sollen die Vision einer Kirche als Gemeinschaft von Gemeinden für ihre Situation kennen lernen und erarbeiten.
- Sie sollen die Bedeutung einer gemeinsam geteilten Vision verstehen.
- Sie sollen die Logik eines Kirchenentwicklungsprozess verstehen.
- Sie sollen sie für ihren eigenen Kontext gestalten und darin Wachstumsmöglichkeiten entdecken.

A Bibelteilen – Das Wortecho

- Der biblische Text: Offenbarung 21, 1–6 wird vorgelesen.
- Stille
- Der Text wird ein zweites Mal verkündet.
- Die Teilnehmer sprechen den Satz, der sie berührt hat, laut aus. Wer mag, kann hinzufügen, warum ihn/sie dieses Wort berührt hat.

B Eine Vision nimmt Gestalt an

- Bauteile einer neuen Kirchenkultur (Lobinger – Video)
- https://www.youtube.com/watch?v=QF2O_m1_2p0&feature=youtu.be
- Vergewisserndes Gespräch
- Kleingruppenarbeit in Teams: *Wie zeigen sich bei uns die Bauteile dieser Vision? Welche weiteren Bauteile entdecken wir?*
- Im Plenum: *Welche Bauteile haben wir entdeckt? Wie gestalten sie sich? Welche Akzente fallen besonders auf?*

C. Wachstum ermöglichen – in unserer konkreten kulturellen und kirchlichen Situation (Leitung, Spiritualität, Weiterbildung, Engagement der Getauften und Sendung)

Einführungstext:
Nachdem die Teilnehmer in der vorherigen Einheit die Wachstumsphasen des Kircheseins und Bausteine einer Zukunftsgestalt erarbeitet haben, besteht ein nächster Schritt darin, gemeinsam zu entdecken, wie Wachstum konkret ermöglicht und realisiert werden kann. Wie könnte, z. B. aus einer Situation der Versorgung heraus, ein nächster Wachstumsschritt aussehen, der in eine größere Selbständigkeit und Übernahme von Verantwortung führt?

Dafür sind in der folgenden Teamarbeit zwei Schritte notwendig:

- Zuerst denken die Teams darüber nach, in welcher Entwicklungsphase des Kircheseins , in welchem Kirchenbild sie die meisten Menschen, denen sie in ihren Arbeitszusammenhängen begegnen, verorten würden. Nicht immer wird dies ad hoc eindeutig festzulegen sein. Es mag auch schwierig sein, in diesem Punkt ohne zu lange Diskussionen eine Einigung zu erzielen, deshalb ist es (im Workshop) auch möglich, dass Teams sich als Ausgangspunkt eine Entwicklungsphase aussuchen, die interessant und dienlich für ihre Arbeit ist, aber nicht unbedingt die reale Ausgangssituation ihres Ortes wiederspiegelt.
- Dann überlegen sie sich einen spezifischen Bereich (z. B. Katechese, Liturgie etc.) und überlegen sich dann, welche konkreten Handlungsschritte notwendig sind, um bestimmte Haltungen zu fördern und so in eine größere Teilhabe und Selbständigkeit zu führen, denn in den unterschiedlichen Entwicklungsphasen des Kircheseins kommt es ja immer wieder entscheidend darauf an, welche Grundvollzüge und Haltungen eine bestimmte Kirchengestalt prägen.
- Danach können sie dann gemeinsam bedenken, was das für die Kernelemente (Leitung, Spiritualität, Weiterbildung, Engagement der Getauften und Sendung, etc.) im Einzelnen bedeutet.

Konkreter Ablauf:
- Die Teilnehmer markieren (z. B. mit einem Klebepunkt an den Postern 1–4 der Kirchenbilder), in welcher Phase sich die Menschen in ihren Arbeitszusammenhängen befinden (real), oder entscheiden sich alternativ nach Interesse für eine der Kirchengestalten von 1–4.
- Danach finden sie sich zu Kleingruppen zusammen, entsprechend dem ausgewählten Kirchenbild.
- Ausgehend davon ist nun zu überlegen, in welchen Bereich (Liturgie, Katechese, usw.) Wachstum angezielt und ermöglicht werden soll. Hier ist es hilfreich, die Teilnehmer aufzufordern, konkrete Prioritäten zu setzen und nicht zu allgemein zu bleiben.

- Die Teilnehmer überlegen nun, welche Haltungen eingeübt und entwickelt werden sollen und welche konkreten Handlungsschritte dafür nötig sind. Dies entwickeln sie an einem konkreten Beispiel (Firmvorbereitung, Hilfe für Migranten, Lektorendienst …)
- Die Teilnehmer legen Indikatoren fest, an denen nach einem bestimmten Zeitraum überprüft werden kann, ob das angestrebte Wachstum auch tatsächlich erfolgt ist.
- Die Teilnehmer stellen sich, z. B. in einem Wandelplenum, ihre Ergebnisse vor.

D. Die Bedeutung einer gemeinsam geteilten Vision

Vision
Einige Essentials

Folie 1

Zum Arzt gehen?

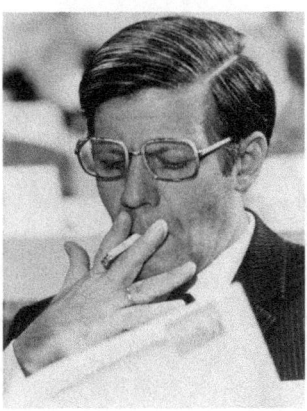

Folie 2

»Die Antriebskraft war typisch für die Generation,
der ich angehört habe: Wir kamen aus dem Kriege,
wir haben viel Elend und Scheiße erlebt im Kriege,
und wir waren alle entschlossen,
einen Beitrag dazu zu leisten, dass all diese grauenhaften
Dinge sich niemals wiederholen sollten in Deutschland.
Das war die eigentliche Antriebskraft.«

Folie 3

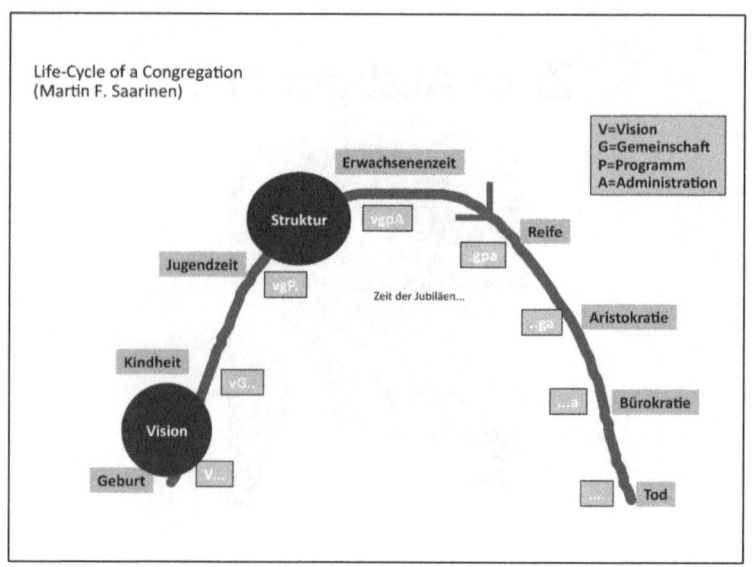

Folie 4

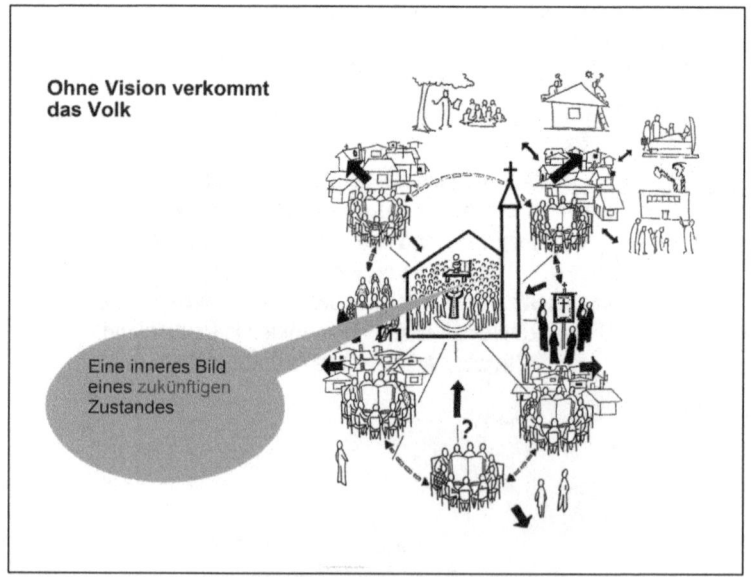

Folie 5

"Die Tat unterscheidet das Ziel vom Traum."

Folie 6

"Wenn du nicht weißt wohin du willst könntest du woanders ankommen."

Folie 7

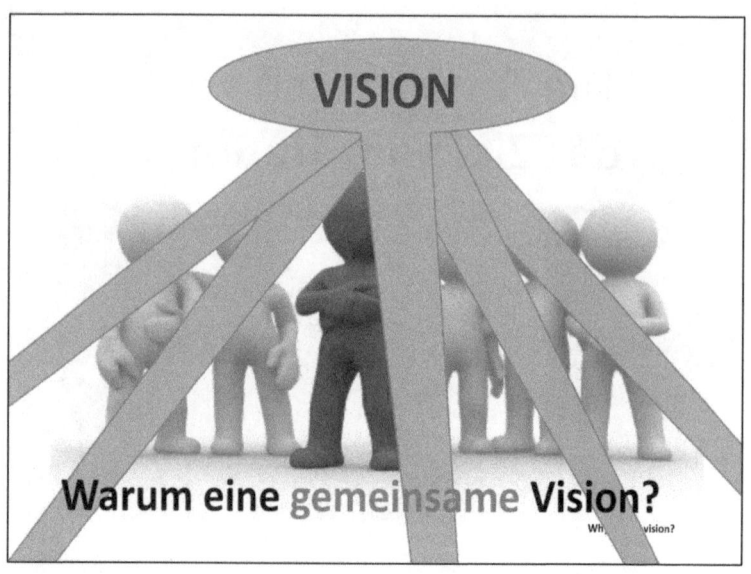

Folie 8

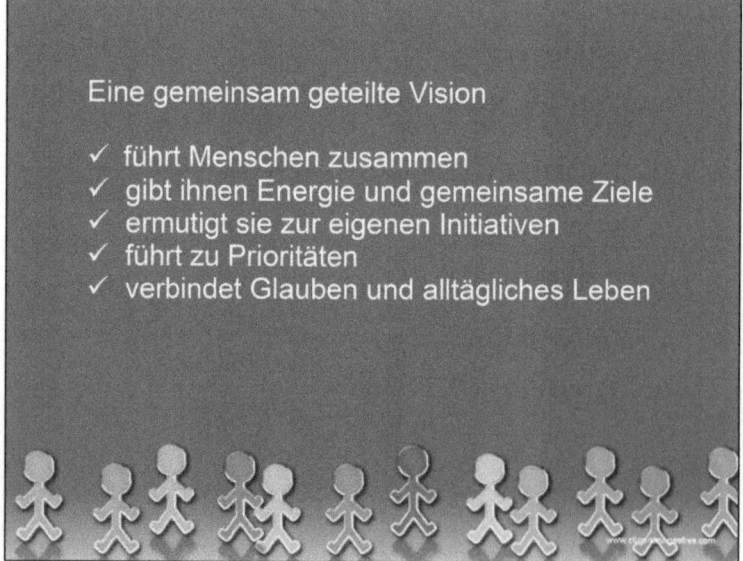

Folie 9

Ein Leitender ist also jemand, der...

...„entzündet" und inspiriert

ermöglicht...

... aber nicht der, der seine Vision durchdrückt

Folie 10

Es ist also die Verantwortung der Leitenden, dass eine VISION ...

1. ... existiert

2. ... verstanden wird

3. ... von möglichst vielen geteilt wird

Folie 11

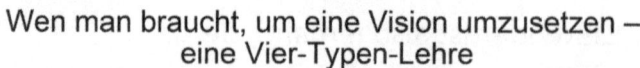

Wen man braucht, um eine Vision umzusetzen – eine Vier-Typen-Lehre

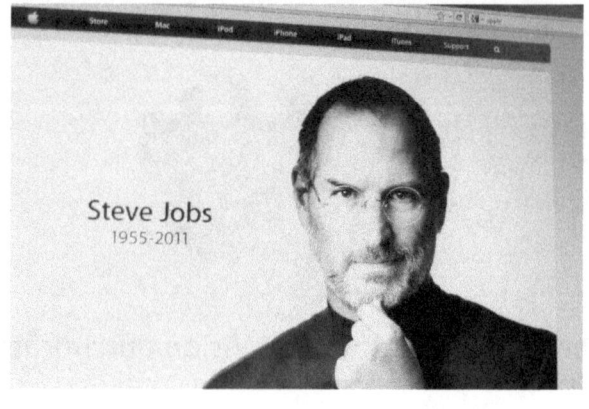

Folie 12

Der Handelnde

18.07.12

Folie 13

Der Ziielorientierte

Folie 14

Der Verbindende

Folie 15

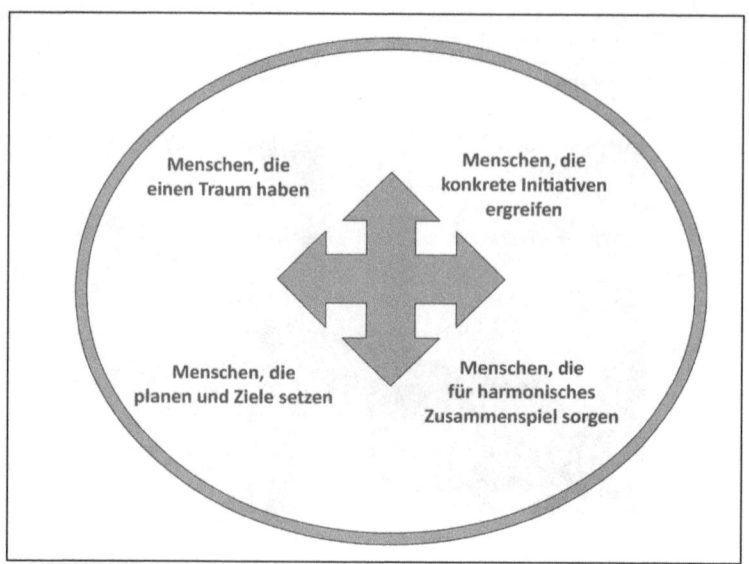

Folie 16

Folie 17

Folie 1

Warum ist eine Vision wichtig? Im Folgenden soll noch einmal deutlich werden, warum es ohne Vision nicht geht. Einige Wesensmerkmale sollen in Erinnerung gerufen werden.

126

Folie 2
Man kennt Helmut Schmidt. Er galt als Pragmatiker. Von ihm
kommt das Wort: Wer Visionen hat, der soll zum Arzt gehen.
In der Tat muss man unterscheiden: zwischen dem Geist, der
in die Zukunft führt – und Spinnereien und Träumen. Klar ist
aber auch:

Folie 3
Auch Helmut Schmidt hatte Visionen. Und sie kamen aus seiner Lebenserfahrung. In einem Interview schrieb er …

Folie 4
Wie wichtig eine Vision für den Weg einer Gemeinschaft ist,
hat der Finnische Forscher Martin Saarinnen gezeigt. In seinem kleinen Büchlein „Life cicle of a congregation" beschreibt
er diesen Zusammenhang sehr spannend. Am Anfang steht
eine Vision. Es folgen Gemeinschaft, Programm und Administration … Die Agonie beginnt, wenn man keine Vision mehr
hat. Am Ende bleibt die Administration.

Folie 5
Deswegen zählt das alttestamentliche Wort: Ohne Vision ver-
kommt das Volk. Ohne Vision bleibt nur „the same procedure
as every year", bleibt nur das Weitermachen. Die Frage ist, wie
man zu einem inneren Bild eines zukünftigen Zustands kommt?
Durch welche Erfahrungen ist das möglich?

Folie 6
Entscheidend bleibt aber: eine solche Vision braucht konkrete
Schritte, will in Handlungsschritte umgesetzt werden. Sie ist
handlungsorientiert.

Folie 7
Ohne Vision ist es sonst so: Entweder bleiben schöne Träume
(der „Müsstizismus": man müsste mal …) oder eigentlich ein
richtungsloses „weiter so" im Kreis.

Folie 8
Entscheidend aber bleibt: Es reicht nicht, wenn einer – der Pfarrer/das Team – eine Vision hat. Das würde immer dazu führen, dass es zwar jemanden gibt, der nach vorne geht, und andere mitgehen – aber die anderen gehen nur mit. Es braucht eine gemeinsame Vision, die von möglichst vielen geteilt wird. Denn ...

Folie 9
(siehe Folientext)

Folie 10
Damit aber wird klar, dass sich dadurch auch die Rolle des Leitenden ändert. Er ist nicht der „Macher", sondern der, der „ermöglicht". Er „entzündet" und inspiriert. Das ist tiefer zu verstehen – und es relativiert die Dominanz der Leitungsvisionen.

Folie 11
Aufgabe des Leitenden ist also ...

Folie 12
Allerdings reicht ein Visionär im Team nicht aus, und auch nicht, dass sie geteilt wird. Es gibt vier Typen, die ein komplettes Team ausmachen ... Vielleicht können Sie sich mal fragen, wie es in ihrem Team ist ...

Folie 13 bis Folie 17
Damit wird klar, dass eine solche geteilte Vision nicht sofort entsteht und einen Prozess freisetzt, der dann selbst zu einem offenen Prozess führt, in dem die Vision selbst sich weiterentwickelt ... nicht ohne Überraschungen!

Diskussion im Plenum

E. Evaluation und Relecture als Gradmesser für das Wachstum eines konkreten Prozesses

Einführungstext:

Über die Bedeutung der Evaluation als ein Instrument zum Wachsen haben wir bereits im ersten Teil des Buches gesprochen. Zwar ist die Frage nach Wachstum an allen Orten virulent, was jedoch oft zu fehlen scheint, ist, dass dieser Wunsch nach Wachstum mit konkreten Zielsetzungen und einer strategischen Umsetzung dieser Ziele verbunden einhergeht. Die Fragen nach „gut" oder „schlecht", „noch" oder „nicht mehr" nehmen einen weiten Raum ein, bleiben aber oft seltsam unbeantwortet. Was uns fehlt, ist etwas, das weltkirchlich gesehen, ein fester Bestandteil von Kirchenentwicklung an vielen Orten schon ist, nämlich eine Kultur der Evaluation. Eine solche Kultur könnte den Blick für Wachstumsperspektiven in der Kirche öffnen.

Dass es hierbei aber um einen geistgewirkten Prozess geht, lässt sich besonders an einem Instrument zur Evaluation ablesen, das im Erzbistum Poitiers entwickelt wurde. Das Wort, das dort für diese Art der Evaluation benutzt wird, heißt „Relecture", wörtlich übersetzt geht es also um ein Wieder-Lesen eines bestimmtes Abschnittes mit den Augen Gottes in einem konkreten Prozess. Im Mittelpunkt stehen nicht Fragen wie: „Was ist passiert?" oder „Was war gut? Was können wir verbessern?", sondern es geht vielmehr immer darum , die Spuren von Gottes Handeln an einem konkreten Ort mit konkreten Menschen zu erkennen und zu deuten.

Entwickelt wird diese Relecture an der Emmaus-Geschichte, wie wir sie im Lukas-Evangelium lesen. Unterwegs erzählen sich die Jünger ihre Erfahrungen, aber bleiben in ihren Wahrnehmungen doch merkwürdig blind, bis sie erkennen, dass es der auferstandene Herr war, der mit ihnen auf dem Weg war. Dieses Erkennen führt dann dazu, dass sie „nach Jerusalem zurückkehren", wo sie ihre Entdeckung weiterschenken und so der Raum für das Handeln geöffnet wird.

In der Durchführung wird an den bekannten Dreischritt *Sehen – Urteilen – Handeln* angeknüpft.

In einem ersten Schritt geht es darum wahrzunehmen, was passiert ist, aber auch darum, dass wir uns durch unsere unterschiedlichen Sichtweisen und Erkenntnisse als Christen gegenseitig bereichern können (*„Was sind das für Gespräche, die ihr unterwegs miteinander führt?"*). Nach einem Moment der persönlichen Reflexion in Stille werden die Teilnehmer eingeladen, sich darüber auszutauschen, wie sie ihr eigenes Leben und das Leben der Menschen an ihrem Ort konkret wahrgenommen haben, und gerade auch im Blick auf schwierige Situationen zu erkennen, was Jesus uns fragt.

In einem zweiten Schritt (*„Brannte nicht unser Herz in uns, als er auf dem Weg mit uns redete und uns die Schrift erschloss?"*) geht es darum, das, was sich im Leben konkret gezeigt hat, zu unterscheiden und zu deuten. Oft braucht es viel Zeit, um dies genau zu evaluieren. Daher ist es notwendig, ein ausreichend großes Zeitfenster dafür im Voraus einzuräumen, sei es bei jedem Treffen oder einmal jährlich, damit der nötige Abstand zum Alltag gegeben ist. Anhaltspunkte für diese Standortbestimmung können z. B. Fragen sein, welche Werte uns wichtig sind, welche „Kontraindikationen" es gibt, und was die Menschen, mit denen wir zusammenleben, denken.

In einem dritten Schritt werden Prioritäten für die nächsten Schritte festgelegt und Ziele gesetzt (*„Und sie standen auf und kehrten zur selben Stunde nach Jerusalem zurück"*).

Die Vorlage für diese Relecture ist dem ersten Handbuch für die „secteurs pastoraux" und „communautés locales" im Erzbistum Poitiers entnommen, will aber in den konkreten Fragestellungen an den gegebenen Kontext angepasst werden. In diesem Sinne können auch andere Schriftstellen als die Geschichte der Emmausjünger im Lukasevangelium den Hintergrund für das geistliche „Wieder-Lesen" einer bestimmten Situation oder eines bestimmten Prozessabschnittes sein.

Die Relecture ist aber nur eine Form der Evaluation. Andere Formen können zielführend sein, wenn es darum geht ein Treffen, eine Pfarrversammlung, einen Workshop o. ä. im Blick auf

Wachstum im Sinne von Teilnehmerakzeptanz, Moderations-skills der Kursleiter usw., zu evaluieren.

Zur Gestaltung von Prozessen lokaler Kirchenentwicklung braucht es ein systematisches Sich-Einüben in die Logik der Evaluation als Ermöglichung und Gradmesser von Wachstum, um wieder neu an den Kontext anpassen und optimieren zu können, denn ohne systematische Evaluation und damit die Entwicklung einer Kultur der Evaluation wird es Wachstum nicht geben.

Ein Arbeitsblatt für die Durchführung der Relecture findet sich im Anhang.

F Liturgie zum Abschluss

Die Schlussliturgie kann eine Eucharistiefeier oder eine Wort-Gottes-Feier sein. Es gibt in beiden Formen zwei wichtige Momente, die dem Dank und der Bitte gewidmet sind.

- Die Gemeinschaft versammelt sich um einen Ort (in der Eucharistiefeier vor der Gabenbereitung), an dem man Kerzen aufstecken kann und bittet und dankt für die vergangene Erfahrung.
- Dann (in der Eucharistiefeier nach der Kommunion) kommen die Teams zusammen und tauschen sich kurz aus über ihre nächsten konkreten Schritte, für die sie dann beten wollen. Die Teams sprechen, wie in einer Fürbitte, nacheinander ihre Pläne und Schritte aus und bitten um Segen für ihre Vorhaben. Die übrigen Teilnehmenden breiten segnend ihre Hände aus und singen:
- „Sende sie Herr, sende sie Herr, send deinen Geist, und sende sie Herr".

Anhang

Evaluation von Workshops, die Bewusstwerdungsprozessen dienen

1. Inhalt

- Was war das Ziel dieses Moduls?
- Glauben Sie, dass die Moderatoren dieses Ziel erreicht haben?
- Haben die Moderatoren die Thematik selber gut verstanden?
- Gab es einen flüssigen Übergang von einem Schritt zum nächsten?
- Wurde die Botschaft eines jeden Schrittes deutlich?
- Haben die Moderatoren eine kurze Zusammenfassung jeden Schrittes gegeben?

2. Fähigkeiten und Fertigkeiten ermöglichen

- Haben die Moderatoren die Teilnehmer zur Partizipation ermutigt?
- Haben sie Fragen gestellt, um einige Aspekte zu verdeutlichen?
- Haben sie irgendwann begonnen zu predigen oder Vorlesungen zu halten?
- Waren sie in der Lage, unangemessene Antworten aufzufangen und Wege zu „passenden" Antworten zu ebnen?
- Haben sie wertschätzend auf Antworten aus der Gruppe reagiert?
- Waren ihre Anleitungen klar und eindeutig?

3. Teamarbeit

- Haben die Mitglieder des Teams Aufgaben untereinander verteilt?
- Haben sie sich gegenseitig geholfen (e.g. Einer moderiert, der andere hängt Poster auf, usw.)?
- Waren sie als Team vorbereitet? Woran konnte man das erkennen?

4. Visualität

– Haben die Moderatoren ermöglich, dass das Material (Poster, etc.) zunächst für sich sprechen kann?
– War die Reihenfolge des Materials schlüssig und nicht verwirrend?
– War genügend Moderationsmaterial vorhanden (Karten, Wände, etc.)?

5. Externa

– Hatten die Moderatoren eine freundliche Ausstrahlung?
– Wirkten sie entspannt und souverän?
– Konnte man sie gut verstehen?
– War ihre Gestik unterstützend?
– Konnte man eine Beziehung zwischen den Moderatoren und den Teilnehmern spüren?

© The Loop/Bukal ng Tipan

Relecture Pastorales Team

Ziel dieser Relecture ist nicht in erster Linie darauf zu schauen, was wir gemacht haben, sondern vielmehr geht es darum wahrzunehmen, was Gott in uns bewirkt hat – in jeder Einzelnen und jedem Einzelnen von, in uns als Team und in der Weggemeinschaft. Relecture heißt also in erster Linie Gottes Spuren in unserem Leben zu entdecken, ihn zu loben und ihn zu preisen: „Wirklich, der Herr ist an diesem Ort und ich wusste es nicht." (Gen 28,16)

Schrifttext Mk 4,26–34

[26]Er sagte: Mit dem Reich Gottes ist es so, wie wenn ein Mann Samen auf seinen Acker sät; [27]dann schläft er und steht wieder auf, es wird Nacht und wird Tag, der Samen keimt und wächst und der Mann weiß nicht, wie. [28]Die Erde bringt von selbst ihre Frucht, zuerst den Halm, dann die Ähre, dann das volle Korn in der Ähre. [29]Sobald aber die Frucht reif ist, legt er die Sichel an; denn die Zeit der Ernte ist da. [30]Er sagte: Womit sollen wir das Reich Gottes vergleichen, mit welchem Gleichnis sollen wir es beschreiben? [31]Es gleicht einem Senfkorn. Dieses ist das kleinste von allen Samenkörnern, die man in die Erde sät. [32]Ist es aber gesät, dann geht es auf und wird größer als alle anderen Gewächse und treibt große Zweige, sodass in seinem Schatten die Vögel des Himmels nisten können. [33]Durch viele solche Gleichnisse verkündete er ihnen das Wort, so wie sie es aufnehmen konnten. [34]Er redete nur in Gleichnissen zu ihnen; seinen Jüngern aber erklärte er alles, wenn er mit ihnen allein war.

Es geht jetzt also darum, wahrzunehmen, was Gott in uns bewirkt hat, durch die vergangenen Einheiten der Studientage, und dann das, was sich an diesen Tagen und in den Zwischenzeiten vor Ort ereignet hat, gemeinsam anzuschauen.

Was haben diese Zeiten für mich persönlich angestoßen oder verändert, was im Blick auf die einzelnen Kirchorte oder die gesamte Weggemeinschaft?

Mir ist eine Sendung anvertraut, was bewegt mich persönlich im Blick auf ...
die Erkenntnisse, die dieser gemeinsame Weg in mir bewirkt hat?
Was bereitet mir Schwierigkeiten oder Sorgen?
Wie erfahre ich Stärkung? Durch wen – im Team oder anderswo? Wo würde ich mir mehr Stärkung wünschen?
Welches sind Schritte, die ich in Richtung Entwicklung von Kirche vor Ort gegangen bin?
Welche Talente und Gaben konnte ich einbringen?
Wo war meine Professionalität gefragt? Wo mehr, wo weniger?
Gab es in dieser Zeit ein vorherrschendes Gefühl in mir: Interesse, Zweifel, Neugier ...?
Wo sehe ich die Notwendigkeit der Veränderung für die Zukunft?

Welche meiner persönlichen Erkenntnisse möchte ich mit dem Team teilen?

Was bewegt uns als Team ...?
Wie hat sich in dieser vergangenen Zeit unser Blick auf Kirche verändert? Was konkret hat sich verändert?
Wo sehen wir eine gute Entwicklung?
Wo fehlt noch etwas?
Haben wir eine gemeinsame Vision für die Weggemeinschaft?
Gibt es etwas, das wir konkret zeitnah angehen möchten?

Relecture
der örtlichen Gemeinden[1] (Poitiers)

Vorschläge zu einer Relecture[2] der Praxis

Relecture – mit den Jüngern auf dem Emmausweg

Methode der Relecture

Ausgehend von der Schriftstelle (Lk 24,13–35: Die Jünger auf dem Weg nach Emmaus) knüpfen wir an den bekannten „Dreischritt" an: sehen – urteilen –handeln.

Sehen

- *„Was sind das für Gespräche, die ihr unterwegs miteinander führt?"*
- Unsere unterschiedlichen Sichtweisen und Erkenntnisse als Gläubige bereichern uns gegenseitig
- Zeit für Teilen und Austausch über das gesellschaftliche und christliche Leben im Pastoralsektor:

1 Im Original „secteurs pastoraux": instituierte pastorale Basiseinheit im Bistum Poitiers, ein Sektor umfasst mehrere „communautés locales"(*Anmerkung d. Übers.)*
Übersetzt: die örtliche Gemeinde. Da das Wort „Gemeinde" aber im Deutschen in seiner Bedeutung nicht immer klar definiert ist (häufig noch im Sprachgebrauch vermischt mit Pfarrei) und es kein äquivalentes Wort für unseren Kontext gibt, bleiben wir im Sinne der Eindeutigkeit bei dem französischen Wort „communautés locales": Kirche vor Ort im je konkreten Lebensraum. Seit August 2014 sind im Erzbistum Poitiers anstelle der Pastoralsektoren neue Pfarreien errichtet (*Anmerkung d. Übers.)*.
2 Wörtlich: nochmaliges Lesen; hier: spirituelle pastorale Deutung von Handeln und Erfahrungen; „Standortbestimmung" im Licht des Evangeliums, Bedeutung für das Zukünftige erkennen (*Anmerkung d. Übers.)*.

- Konkretes Wahrnehmen des Lebens der Menschen, dort, wo wir sind.
- Wahrnehmen unseres eigenen Lebens im Blick auf konkrete Situationen und Ereignisse – was geschieht genau? (sehen, was uns am bedeutsamsten erscheint; was uns anfragt).
- Fragen: Was leben die Menschen in unserem direkten Umfeld? Und:
- Was sind ihre Fragen?
- Blick auf das, wofür wir schon Verantwortung tragen:
- Wo sind wir präsent?
- Wo sind Christen präsent und aktiv?
- Wo haben sie Orte zur Reflexion?
- Welche Gelegenheiten und Mittel finden sie, um ihre Überlegungen einzubringen?

Analog dazu, wenn es um eine konkrete Angelegenheit oder Zielsetzung geht, die den Pastoralrat eines Sektors (CPS) betrifft: Auch hier braucht es eine gründliche Analyse der konkreten Angelegenheit unter Berücksichtigung der jeweils konkreten Personen, Mentalitäten und Strukturen (eventuell können dafür auch Personen mit herangezogen werden, die nicht zu diesem Gremium gehören).

Urteilen

„Brannte nicht unser Herz in uns, als er auf dem Weg mit uns redete und uns die Schrift erschloss?"

Oft braucht es viel Zeit, um genau zu evaluieren, was an Leben da ist. Daher ist es notwendig, ein ausreichend großes Zeitfenster dafür im Voraus einzuräumen, sei es bei jedem Treffen oder bei der jährlichen Versammlung, damit der nötige Abstand zum Alltag gegeben ist. Anhaltspunkte für diese Standortbestimmung können sein:

- geistliches Unterscheiden und Beurteilen:
  - Welche Werte sind uns wichtig? Welches sind zu diesen Werten eventuelle „Gegenwerte"?
  - Welche Dynamik treibt Menschen an? Was können Hindernisse sein?
  - Wie denken die „Menschen guten Willens"?
- Das Wort Gottes:
  - Wie kann unser Glaube an Christus Licht in die Wirklichkeit bringen, die wir wahrnehmen (z.B. im Blick auf die Armen)?
  - Welche biblische Schriftstelle, welcher Text aus dem Evangelium kann uns Licht schenken?
  - Wo sind wir – als Einzelne und als Gemeinschaft – in unserer Mentalität zur Umkehr gerufen?
  - Welche Haltungen sollten wir uns zu eigen machen?
  - Wo entdecken wir den Ruf das Heiligen Geistes?
  - Kann uns hierzu das Bibelteilen eine Hilfe sein?
- Die Lehren der Kirche:
  - der Universalkirche
  - der Ortskirche (Diözese), entsprechend ihrer konkreten Situation und Aktualität.

Unser bewusstes Kirchesein soll auch zum Ausdruck kommen durch Zeiten des Gebets und durch Gottesdienstfeiern im Pastoralrat des Sektors.

Handeln

„Und sie standen auf und kehrten zur selben Stunde nach Jerusalem zurück …"

Notwendigkeiten und Herausforderungen haben sich uns gezeigt: Wir definieren Prioritäten und setzen uns Ziele.

1. Absprachen darüber treffen, welche Mittel zur Realisierung bestimmter Zielsetzungen nötig sind.
   a) Welche Personen sollen angesprochen werden?
   b) Was ist der zeitliche Rahmen? Welche Fristen setzen wir uns?
2. Die direkt betroffenen Gruppen in Kenntnis setzen.
3. Wie können, bei der Umsetzung der konkreten Aufgaben, die unterschiedlichen Gruppen und die „örtlichen Gemeinden" auf dem Laufenden gehalten werden?
4. In diesem Zusammenhang soll auch sicher gestellt sein die Verbindung zur Diözese
5. Welche Bitten und Vorschläge sollen an Diözese und Bischof weitergeleitet werden?

Gemeinschaft im Wort Gottes[1]
BibelTeilen in sieben Schritten

Schritt 1: **Begrüßen – sich zu Christus setzen**
„Wir werden uns bewusst, dass Christus in unserer Mitte ist:
Wer möchte Christus mit eigenen Worten begrüßen?"

Schritt 2: **Lesen – das Wort Gottes verkünden und hören**
„Wir schlagen in der Bibel das Buch / das Evangelium / den Brief ... auf, Kapitel ..." *(wenn alle aufgeschlagen haben:)*
„Wer möchte die Verse von ...bis ...vorlesen? ..."
„Wer möchte die Bibelstelle noch einmal lesen?"

Schritt 3: **Sich ansprechen lassen – den verborgenen Schatz heben**
„Wir sprechen jetzt Worte oder kurze Satzteile, die uns berührt haben, dreimal wie im Gebet aus. Zwischen den Wiederholungen lassen wir eine kurze Stille."

Schritt 4: **Miteinander schweigen – die Gegenwart Gottes wahrnehmen**
„Wir halten jetzt einige Minuten Stille und versuchen zu hören, was Gott uns sagen will."

Schritt 5: **Mitteilen – gemeinsam Gott begegnen durch die anderen**
„Welches Wort hat mich angesprochen? Wir teilen einander mit, was uns im Herzen berührt hat."

---

1 Karten zum Bibelteilen, Konzeption: B. Henseler, H.-G. Hollenhorst, H.-M. Hürter, J. Schlesinger, D. Tewes, G. Viecens.

(Jede/r spricht von sich in der ersten Person. Keine Diskussion, kein Vortrag.)

Schritt 6: **Handeln – sich senden lassen**
„Wir tauschen uns darüber aus, was wir in unserem Umfeld wahrnehmen. Welche Aufgabe fordert uns heraus? Was wollen wir konkret angehen?"
(Christus handelt durch uns in der Welt.
Wer tut was – mit wem – bis wann?)

Schritt 7: **Beten – alles noch einmal vor Gott bringen**
„Wir beten miteinander. Wer möchte, kann jetzt ein freies Gebet sprechen."
(Danach kann man mit einem Gebet oder Lied schließen, das möglichst alle auswendig können.)

(*Kursiv* gesetzte Textteile werden nicht vorgelesen.)

(ursprünglich: Oswald Hirmer/Fritz Lobinger, LUMKO-Institut, Südafrika)

Kurze Erläuterung der Hintergründe der 7 Schritte:

Beim BibelTeilen geht es um eine **Wortliturgie**, die da gefeiert wird, wo Menschen im Glauben zusammen kommen. Es geht nicht um eine „Methode", die wir praktizieren.

Schritt 1:
Wir begrüßen Christus als den, der schon unter uns ist, mit einfachen, kurzen Begrüßungsformeln, z.B. „Ich freue mich, dass du da bist". Wir üben ein persönliches Sprechen mit Gott ein.

Schritt 2:

Wir lesen (verkünden und hören) die Schrift in Gemeinschaft. Wir eröffnen einen Raum für die Erfahrung von Gottes Gegenwart in seinem Wort.

Schritt 3:

Wir geben einander Anteil an dem, wodurch Christus mich im Herzen berührt. Dreimaliges Aussprechen dieses Wortes/Satzteils, mit einer kurzen Pause dazwischen, lässt das Wort in mich einsinken und macht es zum Geschenk für die anwesende Gemeinschaft. ‚Mein Wort' wird zu ‚Deinem' und ‚unserem Wort'.

Schritt 4:

Wir werden still vor Gott und bilden Gemeinschaft im Hinhören. Gott spricht uns durch ‚alle' Worte an, die ausgesprochen wurden. Ich spüre dem nach, was mich von diesen Worten am Stärksten anspricht. Vielleicht berührt mich ein anderes Wort neu, was ich gerade von anderen gehört habe. Zeigt Gott mir in der Stille eine Verbindung zu meiner Lebenswirklichkeit?

Schritt 5:

Ich gebe den anderen Anteil an dem, was mich in der Stille berührt hat. Kein Kommentieren, Diskutieren, Predigen ... der Beiträge anderer. Jeder **darf**, niemand **muss** sprechen.

Schritt 6:

Wozu sind wir gesandt?

a) Was nehmen wir in unserem Umfeld wahr? Zu welchem konkreten Schritt ruft uns Christus? Konkrete Absprachen treffen: wer, was, mit wem, bs wann.

Oder:

b) Welche Aufgabe steht an? An dieser Stelle werden die Tagesordnungspunkte besprochen, die heute im Team, Pfarreirat, in der Leiterrunde, ... anstehen.

Schritt 7:

Alles wird in einem kurzen, persönlichen Gebet noch einmal vor Gott gebracht. Dank und Fürbitte halten für das, was wir wahrgenommen, uns vorgenommen oder bedacht haben.
Mit einem Liedvers abschließen, den möglichst alle kennen.

Gemeinschaft im Wort Gottes
Das Wort Gottes stärkt uns und fordert uns heraus

Schritt 1: **Begrüßen – sich zu Christus setzen**
„Wir werden uns bewusst, dass Christus in unserer Mitte ist:
Wer möchte Christus mit eigenen Worten begrüßen?"

Schritt 2: **Lesen – das Wort Gottes verkünden und hören**
„Wir schlagen in der Bibel das Buch / das Evangelium / den Brief ... auf, Kapitel ..." *(wenn alle aufgeschlagen haben:)*
„Wer möchte die Verse von ...bis ...vorlesen? ..."
„Wer möchte die Bibelstelle noch einmal lesen?"

Schritt 3: **Jeder für sich in Stille**
Den Text **unterstreichen** (Wörter, kurze Sätze):
a) mit einem geraden Strich werden die Worte unterstrichen, die mich positiv ansprechen und stärken;
b) mit einer gebrochenen Linie werden die Worte unterstrichen, die mich irritieren und herausfordern.

Schritt 4: **Jeder meditiert für sich**
Was berührt mich in den Worten, die ich markiert habe?
Was will Gott mir dadurch sagen?

Schritt 5: **Mitteilen – gemeinsam Gott begegnen durch die anderen**
Jeder teilt den anderen mit, welche Worte ihn/sie berührt haben und

beschreibt, warum das ihn/sie berührt hat.
(Austausch in Kleingruppen von 3–4 Personen)

Schritt 6: **Füreinander in Stille beten**
(Kleingruppe steht im Kreis)
„Wir legen die rechte Hand auf die Schulter des Nachbarn. Wir beten in Stille füreinander, zunächst für die Person an unserer rechten, dann für die Person an deiner linken Seite.»

Schritt 7: **Handeln – Sich senden lassen**
Zu welchem konkreten Schritt fordert uns das Gehörte heraus?
Oder: Welches Wort wollen wir mit in den Tag/die nächste Zeit nehmen?

Abschluß: Gemeinsames Gebet eines Vaterunser

(ursprünglich: WABI-Institut, Vigan/N-Phillipinen)

Kurze Hinweise zur Durchführung:

1. Vorbereitung:
Kopien des Bibeltextes anfertigen und Stifte für alle bereit legen, weil Teile des Textes markiert werden sollen.

2. Variationen:
Beenden dieser Form des Bibel Teilens nach Schritt 6.

Gemeinschaft im Wort Gottes
In die Tiefe gehen: Lesen – Stille – Teilen –
Liedvers/Gebet

Schritt 1: **Begrüßen – sich zu Christus setzen**
„Wir werden uns bewusst, dass Christus in unserer Mitte ist:
Wer möchte Christus mit eigenen Worten begrüßen?"

Schritt 2: **Das Wort Gottes hören und einander mitteilen**
a) Lesen: „Wir schlagen in der Bibel das Buch/das Evangelium/den Brief ... auf, Kapitel ...". *(Wenn alle aufgeschlagen haben:)*
„Wer möchte die Verse von ... bis ... vorlesen?"
b) Stille: „Wir halten jetzt einige Minuten Stille, gehen den Text noch einmal durch und spüren nach, welches Wort, welcher Satzteil mich anrührt."
c) Teilen: „Wir sprechen jetzt Worte oder kurze Satzteile aus, die uns berührt haben."
d) Liedvers: (z.B.) „Gottes Wort ist wie Licht in der Nacht ..."

Schritt 3: **Das Wort Gottes hören und einander Anteil geben an dem, was mich berührt hat**
a) Lesen: „Wer möchte die Bibelstelle noch einmal vorlesen?"
b) Stille: „Wir halten jetzt einige Minuten Stille und versuchen zu hören, was Gott mir persönlich sagen will."
c) Teilen: „Wir teilen einander mit, was uns im Herzen berührt hat."
(Jede/r spricht von sich in der ersten Person. Keine Diskussion, kein Vortrag.)

d) Liedvers: „Gottes Wort ist wie Licht in der Nacht ..."

Schritt 4: **Das Wort Gottes hören und sich als Gruppe senden lassen**

    a) Lesen: „Wer möchte die Bibelstelle noch einmal vorlesen?"

    b) Stille: „Wir halten jetzt einige Minuten Stille und versuchen zu hören, wozu Gott uns als Gruppe senden will."

    c) Teilen:
- „Einzelne teilen Vorschläge zu Handlungsimpulsen für die Gruppe mit."
- „Wir entdecken einen gemeinsamen Sendungsimpuls für die Gruppe – wir einigen uns durch einen Konsens in der Gruppe."

    (z. B. ein Impuls für den gemeinsamen Tag als Gruppe oder eine Aufgabe für die kommende Zeit für die Gruppe ...)

    d) Gebet: „Wir beten miteinander. Wer möchte, kann jetzt ein freies Gebet sprechen."

Liedvers: „Gottes Wort ist wie Licht in der Nacht ..."

(ursprünglich: WABI-Institut, Vigan/N-Phillipinen)

Kurze Hinweise zur Durchführung:

Diese Form des BibelTeilens braucht mehr Zeit (ca. 90 Minuten).

Dreimaliges Lesen des Bibeltextes: Durch das wiederholte Hören des biblischen Textes werden wir immer tiefer in die Beziehung zu Christus durch sein Wort hineingenommen und wir entdecken dessen Relevanz für unser Leben tiefer.

Dreimalige Stille: braucht etwas Übung für Ungeübte: 3–5–5 Minuten = Vorschlag für die Stillezeiten; nicht länger als 5 Minuten.

Dreimaliger Austausch:
1. Das Wort Gottes für mich: Welches Schriftwort berührt mich?
2. Das Wort Gottes für mein persönliches Leben: Was spricht Gott durch dieses Wort in mein Leben hinein?
3. Das Wort Gottes für die Gruppe: Wozu fordert das Wort Gottes uns als Gemeinschaft heraus?

Gemeinschaft im Wort Gottes
Gemeinsam laut lesen

(ab 12–15 Personen, je länger der Text, desto mehr Personen sollten teilnehmen)

BibelTeilen nach der bekannten **7-Schritte-Methode**, allerdings wird das zweite Lesen der Bibelstelle anders gestaltet:

Nach dem ersten Hören unterstreicht jede/r das Wort/ den Satz(-teil), der angesprochen hat. Statt es drei Mal auszusprechen, wird der gesamte Bibeltext noch einmal von jemandem vorgelesen und jede/r stimmt an „seiner/ihrer" Stelle mit ein. So werden einige Stellen des Textes vielstimmig gelesen.

Im nachfolgenden Schweigen lässt jede/r das Gehörte noch einmal nachklingen: Was löst es in mir aus? Was hat mich besonders angesprochen? Welches Wort/ welcher Satz ist durch Gottes Geist besonders in den Mittelpunkt gerückt worden?

Weiter ab Schritt 5:
Was ist uns beim vielstimmigen Hören besonders aufgefallen? Was haben wir wahrgenommen? Ist uns beim lauten Lesen etwas besonders bewusst geworden?

Schritt 6:
(Erfahrung: Manchmal werden einzelne Verse von besonders vielen gemeinsam gelesen – was heißt das dann für die Gruppe?) Hat die Erfahrung eine besondere Konsequenz für unsere Gruppe/ Pfarrei, wenn eine Stelle des Textes in besonderer Weise, von Vielen hervorgehoben war? Welche konkrete Sendung folgt daraus?

Besonderheit:
Durch das gemeinsame Lesen bekommt der Text eine ganz eigene Dynamik (und δγναμίς hat ja auch mit dem Hl. Geist zu tun). Es kann deutlich werden, dass eine Stelle des Textes viele angesprochen hat. Die Methode erhöht die Achtsamkeit für eine gemeinsame Sehnsucht, Aufgabe, Sendung etc.

Gemeinschaft im Wort Gottes
Das Bibelteilen als Lebensspiegel

1. Begrüßen – sich zu Christus setzen
Wir lassen heute die Heilige Schrift wie einen Spiegel auf uns
wirken, indem das Leben und die Probleme unserer Pfarrei /
unseres Dorfes /unsererStadt /unseres Landes sichtbar werden.
Nach einer Pause:
Wir werden uns bewusst, dass Christus in unserer Mitte ist.
Wer möchte Christus mit eigenen Worten begrüßen?

2. Lesen – das Wort Gottes hören
Wir schlagen in der Heiligen Schrift das Buch/das Evangelium/
den Brief ... Kapitel ... auf.
(Wenn alle aufgeschlagen haben:)
Wer möchte die Verse ...bis ... vorlesen?
Danach: Wer möchte den Text noch einmal vorlesen?

3. Sich ansprechen lassen – den verborgenen Schatz heben
Wir sprechen jetzt Worte oder kurze Satzteile, die uns berührt
haben, dreimal wie im Gebet aus. Zwischen den Wiederholungen lassen wir eine kurze Stille.

4. Sehen
Wir sprechen ... Minuten lang in Zweier- oder Dreiergruppen,
jeweils mit den Nachbarn.
An welche Probleme unserer Pfarrei / Gemeinde erinnert uns
der Text?
Welche Probleme unserer Pfarrei/Gemeinde/ unseres Dorfes/
unserer Stadt /unseres Landes haben Ähnlichkeit mit der Situation in unserem Text?

5. Hören

Wir halten jetzt einige Minuten Stille und versuchen zu hören, was Gott uns sagen will.

Was sagt uns Gott zu unserem Problem in diesem Text?

6. Urteilen

Wir tauschen uns mit unseren Nachbarn darüber aus, was Gottes Sicht auf das Problem sein könnte und was er uns zu unserem Problem rät.

Wir einigen uns auf den wichtigsten Punkt und bringen ihn der Gesamtgruppe vor.

7. Handeln

Welches Handeln folgt aus der „Sicht Gottes"?

Was können wir im Vertrauen auf Gott im Hinblick auf das Problem tun?

Wer tut was mit wem bis wann?

8. Beten – alles noch einmal vor Gott bringen

Wir beten miteinander. Wer möchte, kann jetzt ein freies Gebet sprechen.

Danach kann man mit einem Gebet oder Lied schließen, das alle auswendig können.

(ursprünglich: Oswald Hirmer, Lumko-Institut, Südafrika)

Gemeinschaft im Wort Gottes

BibelTeilen als Deuten der Zeichen der Zeit – von der Situation zum Wort Gottes

Schritt 1: Entscheidung für ein Thema/eine Situation des Lebens
a) Blitzlicht in der Gruppe: „Welches Thema/welche Situation bewegt mich/uns im Moment?"
„Wir entscheiden uns für ein Thema/eine Situation, die die Gruppe im Moment bewegt."
oder Alternative:
b) Wir sind als Gruppe (Team, Pfarreirat, Leiterrunde ...) zusammen und besprechen ein Thema/eine Situation, die uns gerade bewegt.

Schritt 2: Das Wort Gottes und unser Thema/unsere Situation
„Was sagt das Wort Gottes zu unserem Thema/unserer Situation? Welche Bibelstelle/biblische Erzählung fällt mir/uns zu diesem Thema/dieser Situation ein?"
Vorschläge für Bibelstellen werden gesammelt.
Kurze Erläuterung der Bibelstellen und gemeinsame Entscheidung in der Gruppe, welche Bibelstelle tiefer betrachtet werden soll, um dadurch Impulse für unsere Fragestellung zu erhalten.

Schritt 3: Bibel teilen
1. Liedvers: Gottes Wort ist wie Licht in der Nacht ...
2. Lesen – das Wort Gottes verkünden und hören
„Wir schlagen in der Bibel das Buch / das Evangelium / den Brief ... auf, Kapitel ..." *(wenn alle aufgeschlagen haben:)*
„Wer möchte die Verse von ... bis ... vorlesen? ..."
„Wer möchte die Bibelstelle noch einmal lesen?"

3. Sich ansprechen lassen – den verborgenen Schatz heben

„Wir sprechen jetzt Worte oder kurze Satzteile, die uns berührt haben, dreimal wie im Gebet aus. Zwischen den Wiederholungen lassen wir eine kurze Stille."

4. Miteinander schweigen – die Gegenwart Gottes wahrnehmen

„Wir halten jetzt einige Minuten Stille und versuchen zu hören, was Gott uns sagen will."

5. Mitteilen – gemeinsam Gott begegnen durch die anderen

„Was sagt uns die Bibelstelle zu unserem Thema/ unserer Situation? Verändert sie unseren Blick, unsere Wahrnehmung?"

„Den Blick weiten: Was ist sonst noch wichtig für unser Thema/unsere Situation?"

6. Handeln – sich senden lassen

„Wozu fordert uns das Wort Gottes heraus? Welchen Handlungsimpuls gibt es uns im Blick auf unsere Fragestellung. Was wollen wir konkret angehen?"

(Konkret überlegen: Wer tut was – mit wem – bis wann?)

7. Beten – alles noch einmal vor Gott bringen

„Wir beten miteinander. Wer möchte, kann jetzt ein freies Gebet sprechen."

Liedvers: Gottes Wort ist wie Licht in der Nacht ...

(ursprünglich: Oswald Hirmer/Fritz Lobinger, LUMKO-Institut, Südafrika)

Hinweis zur Durchführung:

Wenn die Gruppe größer ist, findet der Austausch zu Schritt ‚5. Mitteilen‘ in Kleingruppen von 3–4 Personen statt. Es geht darum, die Perspektive Gottes im Hinblick auf unsere Fragestellung/Situation einzunehmen.

Anschließend wird unter Schritt ‚6. Handeln‘ eine Vereinbarung in der Gesamtgruppe getroffen.

Gemeinschaft im Wort Gottes
Christus in seinem Wort ist immer Beginn und Mitte

Die Christusgegenwart ist die Mitte all unseren Tuns. Zum Zeichen dafür beginnt jede unserer Zusammenkünfte damit, dass wir Christus in seinem Wort begrüßen. Wir tun dies unabhängig von der Gruppengröße und der Zeit. Dazu dienen folgende Hinweise und Variationen:

1. Wir singen einen Liedves, entzünden eine Kerze und legen die geöffnete Bibel in unsere Mitte.

2. Wie 1.: Wir singen ... Wir begrüßen Christus durch eine gemeinsame Verneigung.

3. Wie 1.: Wir singen ... Wir lesen das Tagesevangelium, einen biblischer Vers oder eine biblische Geschichte, die den Tag/unser Beisammensein begleiten soll.

4. Wie 1.: Wir singen ...
   Christus mit kurzen Gebeten begrüßen
   2 × das Evangelium lesen
   Stille
   EinWort/Vers 3 × aussprechen und direkt anschließend kurz mitteilen, was mich darin bewegt

5. Wir wollen Christus in unserer Mitte begrüßen (Ablauf nennen, indischer Ritus)
   Lied: Meine Hoffnung und meine Freude
   Bibel in die Mitte legen und aufschlagen (Bibelständer in Hüfthöhe)

Kerze entzünden

Liedvers weitersingen – dabei geht jede/r zur Bibel, legt kurz die Hände auf oder/und macht eine Verbeugung oder legt die Hände auf die Bibel, dann auf die Stirn und/oder das Herz und verneigt sich.

Gemeinschaft im Wort Gottes
Variationen – Sich vom Wort Gottes
auf verschiedene Art und Weise ansprechen lassen

Unterschiedliche Formen des Umgangs mit der Schrift können in ein immer tieferes Hören auf das Wort Gottes führen.

1. **„Echo-Lesen"**
   Hier wird der biblische Text im Zweierteam gegenseitig ins Ohr geflüstert.
   Der/die Hörende schließt die Augen; dies schafft eine besondere Aufmerksamkeit.
   Der biblische Text wird mir persönlich zugesprochen. Es wird die Möglichkeit eröffnet, sich tiefer in die biblische Szene einzufühlen. Auf diese Weise wird an die Tradition des Geschichtenerzählens angeknüpft oder daran, ein Geheimnis mitzuteilen.
   Kurzer Austausch im Zweierteam über diese Erfahrung.
   Anschließend wird der biblische Text noch 1× in der Gruppe gelesen.

2. **„Durchwandern"**
   Den Ablauf zu Beginn erläutern:
   Lesen: Die Bibelstelle 1× lesen. Beim zweiten Lesen die Bibelstelle langsam, Vers für Vers, lesen – dabei die Verse, Halbsätze, Worte (groß auf A4-Papier gedruckt) als Weg im Raum auslegen.
   Durchwandern: Die Teilnehmer gehen dem Weg der ausgelegten Bibelstelle langsam und lesend nach und lassen sich vom Wort Gottes ansprechen. (nach Möglichkeit Musik im Hintergrund)
   Verweilen: Die Teilnehmer werden gebeten, sich zu einem Wort, das sie besonders angesprochen und berührt hat, zu setzen oder zu stellen.

Schenken: Die Teilnehmer sprechen das Wort/den Vers aus. Nach 2–4 ausgesprochenen Worten (je nach Gruppengrösse) kann ein einfacher Antwortgesang gesungen werden.

Mitteilen: Austausch zu zweit oder in kleinen Gruppen der Teilnehmer, die beim gleichen Wort/Vers oder in dessen Nachbarschaft stehen.

Abschließen: die/der Anleiter/in spricht ein kurzes abschließendes Gebet:

Guter Gott, Dein Wort erleuchtet uns.

Schenke uns Licht für unseren Weg.

Lass uns Licht sein für Dich in unserer Welt.

Lass uns Licht sein für die Kirche von N. N.

Ehre sei dem Vater …

3. **„Weitergeben"**

Die Bibel im Kreis weitergeben. Jeder liest jeweils einen Vers des ausgewählten Textes, der Perikope.

4. **„Frauen – Männer"**

Die Frauen und Männer einer Gruppe lesen gemeinsam abwechselnd jeweils einen Vers des ausgewählten Textes, der Perikope.

Gemeinschaft im Wort Gottes
Variationen – BibelTeilen als Tagesrückblick
(Schritt 7)

Tagesrückblick an einem Klausurtag/Wochenende:
Jeder sucht sich im Raum einen Platz (Stuhl, Decke Boden)
Spüre in dich hinein – wie bin ich jetzt da? Leib – Geist – Seele
Du bist da in Gottes Gegenwart – getragen, umgeben
Lasse den Tag noch mal in dir aufscheinen: Elemente des Tages benennen inkl. Mahlzeiten und Pausen
Was war für mich heute besonders wertvoll? Ein Gedanke – eine Erkenntnis – eine Begegnung ...
Stelle dich darauf ein, dies den anderen abschließend kurz mit zu teilen und komme in deinem Tempo in den Stuhlkreis zurück
Stuhlkreis: was war heute wertvoll für mich – aussprechen und evtl. verbinden mit einem Dank/einer Fürbitte, wie jeder will; dabei auch die Runde öffnen für Anliegen außerhalb der Gruppe (Familie, Freunde ...)
Mit einem Liedvers den Tag abschließen.

Gemeinschaft im Wort Gottes
Variationen – Relecture als Geistliche Evaluation

Die Relecture kommt ursprünglich aus dem Bistum Poitiers/ Frankreich und ist die Evaluation einer gemeinsamen Wegstrecke. Diese Form ist keine Reflexion, sondern richtet das Augenmerk darauf, wie Gott mit uns unterwegs war auf unserem Weg. Es ist ein geistliches Schauen auf einen zurückgelegten Weg. So bietet sich die Relecture besonders am Ende eines Wochenendes, einer Klausurtagung oder nach einem längeren Zeitabschnitt von einigen Monaten im Team ... an. Grundlage und Begleiter der Relecture ist die Emmausgeschichte: Lukas 24,13–35

Die Gruppe sollte von der Größe her überschaubar sein (5–12 Personen) und es muss genügend Zeit zur Verfügung stehen. Je nach Zielgruppe sind Fragen vorzubereiten, die Gegenstand des gemeinsamen Nachdenkens sein sollen. Um zu diesen Fragen zu kommen, sind folgende Vorüberlegungen hilfreich:

Mit welchen Menschen bin ich hier?

Auf welche gemeinsamen Erfahrungen schaut die Gruppe zurück?

Wo wollen wir hin? Es geht um die konkreten nächsten Schritte für die Gruppe.

Karte 7: Rückseite

Schritte der Relecture:

Schritt 1: **Begrüßen – sich zu Christus setzen**
„Wir werden uns bewusst, dass Christus in unserer Mitte ist: Wer möchte Christus mit eigenen Worten begrüßen?"

Schritt 2: **a) Lesen – das Wort Gottes verkünden und hören**
(2×)

„Wir schlagen in der Bibel Lk 24 auf ..." *(wenn alle aufgeschlagen haben:)*
„Wer möchte die Verse von 13–27 vorlesen?"
„Wer möchte die Verse von 13–27 noch einmal vorlesen?"

b) **Fragen an die Gruppe:**

„Was sind das für Dinge ...?"

was sind das für Dinge, die wir in den letzten Tagen/in der letzten Zeit erlebt haben? Was haben wir erfahren?

Blick auf die Gruppe/das Team selbst: was habe ich als verstörend erlebt oder was als herausfordernd? Was war förderlich?

Mit der Frage aus dem Evangelium zu 10 Minuten Stille und Einzelbesinnung zu den konkreten Fragen einladen. Mit diesen konkreten Fragen wird der Raum, in dem die Gruppe agiert und die Dinge, die in der Vergangenheit passiert sind, und auch die Gruppe/das Team in den Blick genommen.

c) **Austausch** über die persönlichen Gedanken in der Gruppe.

Schritt 3: a) **Lesen – das Wort Gottes verkünden und hören**
Den nächsten Abschnitt: Lk 24,28–32 2× lesen

b) **Fragen an die Gruppe:**

„Brannte nicht unser Herz ...? „

was treibt mich/uns eigentlich an? Welche Haltungen und Werte sind mir/uns eigentlich wichtig geworden? Was hat mich besonders berührt? Welche Dynamiken sind wirksam gewesen? Wofür brannte mein/unser Herz?

Hier kann auch ein Symbol mitgebracht worden sein, dass die Erfahrung miteinander deutlich macht.

c) **Austausch** über die persönlichen Gedanken in der Gruppe.

Schritt 4: a) **Lesen – das Wort Gottes verkünden**

Den nächsten Abschnitt: Lk 24,33–35 2 × lesen

b) **Fragen an die Gruppe:**

„Noch in derselben Stunde brachen sie auf …"
Was wünschen wir uns von dem Weg, den wir beginnen wollen? Was liegt an auf unserem Weg in nächster Zeit?
Was ist der Wunsch für unser Team, unsere … in nächster Zeit?
Es geht um eine zukunftsgerichtete Perspektive.
Hier wird es ganz konkret: Wer tut was mit wem bis wann?

Schritt 5: **Abschluss:**

Evtl. den ganzen Text Lk 24,13–35 noch einmal lesen.
Mit einem persönlichen Gebet und/oder einem Lied abschließen.